NIKKEI BUNKO 日経文庫

コンピテンシー活用の実際

相原孝夫

日本経済新聞社

まえがき

コンピテンシーは、一九七〇年代の初頭にすでに開発されていたものです。それが、九〇年代に入り、不連続性と不確実性、変革と淘汰の時代を迎え、広く関心を呼ぶようになりました。

バブル崩壊後の一〇年、日本企業は変革への苦しみを続けてきました。生き残りをかけての合併統合や事業売却、経営システムの改革や組織構造改革など、様々な手を尽くして再浮上を目指してきました。しかし、多くの企業において、変革は今なおその途上にあります。

数々の手段を講じてきたにもかかわらず、変革が進まない最大の理由は、人の変革、つまり「個の変革」が進まないことにあることは衆目の一致するところではないでしょうか。個の変革が進まない限り、いくら構造やシステムなどのハード面の改革を進めても、企業全体の変革が完了することはありません。

このような時代背景の中、コンピテンシーは、「個の変革」への期待を帯びて多くの企業で取り入れられてきました。この数年で数多くの日本企業で導入されてきましたが、それを十分に使いこなして成果を上げている例は、それほど多くありません。それにはいくつかの理由がありますが、本書では、それらの点を克服し、コンピテンシーを成功裡に取り入れていくうえでのポイントを余さず盛り込んだつもりです。

タイトルに「活用の実際」とある通り、この本は実践編です。しかし同時に基礎編でもあります。実際の例も多数紹介していますが、それらはすべて、基礎的なポイントを身近な現実と照合して確認頂くためのものです。本書では、コンピテンシーの考え方から、その活用、活用上発生する問題点の克服に到るまで、基礎的な点を網羅する形で書いており、これ一冊でコンピテンシーの全体像が理解できるというものを目指しました。これから初めてコンピテンシーを学ぼうとする方々をはじめ、これまでに取り組まれた経験があり、いま一度捉え直してみたいと考えておられる方々など、読者の方々の一助になればまことに幸いです。

本書を刊行するにあたり、マーサー・ヒューマン・リソースコンサルティング社の大滝令嗣、南雲道朋をはじめ、コンピテンシーの開発とその導入のコンサルティングをともに推進してきた同僚の皆に感謝したいと思います。また、この出版にあたり、日本経済新聞社出版局の佐竹美奈氏にたいへんお世話になりました。この場をお借りし、深謝申し上げます。

二〇〇二年九月

相原孝夫

目次

Ⅱ コンピテンシーの基本的な考え方

プロローグ――コンピテンシーとは何か

コンピテンシーなどの新しい概念については、活用に先立って、その定義について様々な議論がなされる傾向にあります。こうした議論は、定義を明確にしていくうえで重要である一方、実践から離れた無意味な議論へと発展してしまう危険性もあります。そこで、ここでは実践的な観点から、コンピテンシーについて、いったん整理してみたいと思います。

コンピテンシーとはどこを指すのか？ と、研究者的に考えるのではなく、コンピテンシーとはどこを指す〝べき〟か？ と実務家的に考えたいと思います。つまり、その実効性を重んじるのであれば、目的から逆算してコンピテンシーを定義するのがよいのです。

目的は何かと言えば、企業であれば皆、最終的には利潤を上げることであり、そのために、「一人一人のパフォーマンスを向上させる」ということになります。すべてはここに帰着しなければ、企業にとっては意味をなしません。よって、コンピテンシーは、「パフォーマンスの向上に結びつくプロセス」と定義されるべきです。

人的側面から、パフォーマンスを向上させる手立てとしては、育成か配置です。つまり、その職に就いている人の実力アップを図るか、または、その職に適している人を選抜、配置するかです。したがって、パフォーマンスの向上に結びつけるためには、そのプロセスは測定可能であり、模倣可能であることが必要となります。こう考えると、そのプロセスは具体的に見えなければならず、結局は、「人の行動」ということになります。そして、高いパフォーマンスに結びつく行動というのは、多くの場合、仕事内容によって異なりますので、最終的にコンピテンシーは、「それぞれの仕事において、高いパフォーマンスに結びつく行動」と定義されることになります。

シンプルに理解することが大事

第2章でも説明していますが、コンピテンシーはよく、氷山のたとえを用いて説明されます。氷山の水面下にある部分を人格や性格、才能にたとえ、水面上の部分を知識やスキルに、そして、コンピテンシーは水面すれすれの部分であるという説明です。

この中で、水面上の知識やスキルは、定義しやすく、記述しやすいがゆえに、それらとコンピテンシーとの区別も比較的つけやすいのです。一方、水面下の部分とコンピテンシーとの違いは、一般に、明確に分けることは困難とされています。しかし、「この違いは何か、境目はどこか」、と悩むことはあまり意味がありません。なぜなら、目的から考えるのであれば、結局、具体的な行動として記述できさえすれば、それはコンピテンシーと言えるからです。氷山の下の部分にあたる、人格や性格、才能は、多くの場合、何らかの行動となって表われますから、表われたところを捉えて記述できれば、それがコンピテンシーとなります。逆に、それができなければ、コンピテンシーとはなりません。

同様に、コンピテンシーを表わす用語を見て、「これはコンピテンシーである、これはコンピテンシーではない」、と言うこともあまり意味がありません。唯一意味があるとすれば、それを見ただけで、どんなことを指すのかが具体的にイメージできるかどうか、という点に限られます。イメージしやすい用語の方が、企業内において共通言語化しやすく、記憶されやすいからです。

しかし、より重要なのは、その後に続く行動記述が十分に具体的であり、観察、測定でき、かつ模倣できるか否かという点です。したがって、「○○力」は従来の能力を表わす言葉だからコンピテンシーとは言えないとか、「○○性」は性格を表わす言葉だからコンピテンシーではない等の議論は、本質的には意味のないものです。

とにかく頭のいい人たちは、物事を難しく捉えがちです。しかし、そのようなケースでは、多くの場合、実績には結びつきません。なぜなら、シンプルな理解しか、行動にはならないからです。コンピテンシーは、「その仕事において高い業績の上がっている人から学ぶ」、という発想そのものが極めてシンプルであり、その抽出のアプローチもシンプルなものです。学者やコンサルタントが考える最終アウトプットの品質よりも、それを利用する人たちにとっての有効性、利便性の方が優先されなければならないのです。

「行動を具体的に説明する」とは

例えば、あるマネジャーに、その組織で一番のハイパフォーマー（高業績者）について語ってもらったとします。「彼はどうですか？」というような質問には、最初からさほど具体的な答えは返ってきません。この質問に対して、「彼はできますよ」と答えたとします。

これをもとに、他の人を育成しようとした場合に引き出せるアドバイスは、「もっとできるようになれ！」以外にはありません。

もう少し具体的に聞きます。「どういう点が優れていますか？」。すると、「彼は、人一倍、意欲があるし、とにかく、動きがいい」と答えたとします。この情報から可能なアドバイスとしては、「もっと意欲的になれ！」と、「もっと動きをよくしろ！」です。

さらに、各々について、より具体的に聞きます。「意欲があるというのは、どういう点でわかりますか？」。この問いかけに対し、「まず、結果にこだわるし、何よりも彼は、ちょっとやそっとのことではめげない」という答えを得たとします。もう一方についての、「動きがいいというのは、具体的にどういうことですか？」という問いかけに対しては、「客からの問い合わせに対して反応がよく、また、行動が計画的で無駄がない」という答えを得たとします。これらから出てくるアドバイスは、「結果にこだわれ」「多少のことでめげるな」「客に対する反応をよくしろ」「計画的に無駄なく動け」となり、最初の「できるようになれ！」よりはだいぶイメージしやすくなりました。しかし、まだ模倣できるほどには具体的ではありません。さらに質問を繰り返すことによって、

（結果にこだわれ）
・平均点の成果では満足せずに、最大成果へ向けてのアクションをとる
・チャレンジングな課題に対しても、一定の結果を出すべく積極果敢に取り組む
（多少のことでめげるな）
・プレッシャーのかかる状況の中でも、安定した意欲、感情、知力を保つ
・困難な状況に直面しても簡単にはあきらめず、粘り強く状況打破に励む
（客に対する反応をよくしろ）
・顧客の言葉や表情、しぐさから、意図していることを敏感に汲み取る
・顧客の要望に対し、できることと、できないことは、その場で明確に伝える

（計画的に無駄なく動け）
・無駄な時間が発生しないよう、一日の流れを考慮し、スケジュール化する
・トラブルが起きて多くの時間を割くことがないよう、不安材料は早めに除去する

というような行動特性を抽出することができれば、直接的に行動がイメージでき、アクションが起こるようになります。これが、コンピテンシーです。もっとも、右の質問の流れは、いわゆる、コンピテンシーインタビューとは異なりますが、導き出される最終型は同様のものになります。

本来のコンピテンシーインタビューでは、行動特性を抽出するうえで、過去の成功体験を聞いていきますが、なぜ実際の体験を聞くのかと言えば、推測や憶測ではなく、実際の行動を聞くことによって、再現の確実性を高めるためです。「私はこういう時に、こうした」と言った場合、それは実際の行動ですが、「私はこういう時に、こうする」と言った場合には、それは、「こうしたい」や「こうすべきと思う」との可能性もあり、実際の行動とは限りません。また、それが実際の行動である場合にも、「こうする」というコメントは、「こうした」というコメントに比べ、どうしても抽象性の高いコメントとなります。

以上のような、コンピテンシー本来の観点、「一人一人のパフォーマンスを向上させる」という点から考えると、日本企業においても、ここ数年来、コンピテンシーが急速に普及してきたということは、企業が、「人の活用」について本腰を入れて考えるようになってきた、あるいは、限られたリソースを最大限活用しなければ、競争に生き残れない、という危機感の表われであるととることができるのです。

コストとの関係から見たコンピテンシー

これまでコンピテンシーは、コストとの関係で語られることはほとんどなかったように思います。しかし、コストとの関係で考えてみることで、コンピテンシーの有効性を端的に捉えることができます。従来、企業内で行われていた人材マネジメントは多くの非効率をはらんでいました。

自社の競争力を決める人材の定義が明確になっていない場合には、的外れな採用をしてしまい、適性の低い人材を採用してしまうことになります。そして、それらの人材に対して、いくら時間をかけて教育をし、評価をしても、なかなか実績は上がるようにはなりません。企業内の異動についても、適性に基づかない的外れな配置をしてしまう場合には、同じことが起こります。また、適性のある人材を獲得、配置できた場合でも、成果に結びつかないファクターに焦点を当てた育成をし、評価をしてしまえば、やはり実績はなかなか上がりません。そして、これら人材マネジメントの各場面では、膨大な時間とコストがそれぞれかかっています。

最悪のストーリーはこうです。「その仕事に向いていない人材を採用し、向かない仕事に就け、成果に結びつかない育成をし、評価し、フィードバックし、しかし実績は上がらず、本人のモチベーションは下がり、組織にも悪影響を及ぼし、カルチャーを破壊し、挙句の果てに辞めてしまう」。

さて、この間には、いったいどれほどのコストがかかっているのでしょう。このような人材マネジメントを、従業員一人一人、全員に対して行っている場合、そのコストは計り知れません。ちなみに、マーサー社の試算では、マネジャークラスの人が一人離職した場合に発生するコストは、担当者募集・選考コスト、採用後の教育コスト、担当者不在時のサポートコスト、その他諸々で、離職者の年収の一・五倍以上のコストが発生する計算になります。

特に、限られたリソースを最大限に活用し、組織のパワーを極限まで高めなければならないような状況では、ミスマッチ採用やミスマッチ配置をしてしまうことのコストは甚大であり、また、的外れな評価、的外れな育成を行ってしまうことによる機会ロスもまた甚大になります。

これらのピントを合わせることによって、膨大な時間とコストを削減することができます。採用選考のピント、配置のための選抜のピント、評価、育成のピント、それぞれのピントを合わせて、そこに資源を集中投下することで、費用対効果を最大にすることができるのです。そうした場合は次のようになるでしょう。「企業は自社の競争力を決める有能な人材を確保することができ、向いている仕事に就けることで、短期間で高い実績が上がり、焦点の合った評価、育成を行うことによってさらにレベルアップし、本人のモチベーションは高まり、組織にも好影響を与え、カルチャーを活性化し、組織に定着する」。

コンピテンシーに焦点を当てた採用、配置、評価、育成を行うことの効果は、そのことによるプラス効果だけでなく、向いていない人の採用や育成などに費やしていた時間やコストを削減する効果も加わり、二重の効果が得られることになります。また、その結果、自社の戦略の遂行を効果的にサポートしうる人材マネジメントが実現でき、人事システム自体を戦略に近づける効果があると言うことができるでしょう。

I　なぜ今コンピテンシーか

●日米の人事体系はこれまで、それぞれの時代背景に合わせてその目的や形を変えてきました。
●現在、日本においては、成果主義型の人事体系へ移行しつつあります。適正な配置、納得性の高い評価、人材の早期育成が求められ、それらを成立させるためにコンピテンシーの導入は不可欠と言えます。
●本章では、日米の人事体系の変遷から、コンピテンシーの概念がどのように生まれ、人材マネジメントに導入されるようになったかを見ていきます。

1 日本企業における人材マネジメントの変遷

まず初めに、コンピテンシーの人材マネジメントの中での位置づけを明確にするうえで、これまでの日本企業における人事体系の変遷を簡単にたどっておきたいと思います。それぞれの時代には、それぞれ異なった経営環境があり、それらのもとで求められた人事管理の形というものがあります。

近年、コンピテンシーが広く普及していますが、広く普及するにはそれなりの理由があり、その背景には時代の要請があります。ここに到るまで、それぞれの時代の置かれた環境というものがどうであって、その中でどんな目的のもとに、どのようなシステムが導入され、または消えていったのか――賃金体系を中心に、その変遷をたどってみたいと思います。

(1) 戦前・戦後

まず戦前は、明治以降から続く近代化、工業化の時代でした。企業としては労働者の定着化が最優先の課題であり、その目的のために年功型賃金を導入しました。年功型賃金とは、年齢と勤続年数に応じて賃金を支払うというものですから、地方から出てきた若者を安い賃金で雇い、そのまま勤め続けて中高年になったらたくさん支払うというシステムであり、労働力の定着化のためには都合の良いシステムだったのです。

戦後は貧困のどん底からの復興でしたから、生活の安定が最優先の課題となり、生活給が中心となりました。後に「電産型賃金体系」と言われる、日本電気産業労働組合協議会が「生活費を基準とする最低賃金制の確立」を訴えて提示した体系が定着していきました。「電産型賃金体系」とは、生活給と勤続給、能力給からなる基本賃金が全体の約九割を占める体系で、この他、基準外賃金として様々な手当が設けられました。この体系は、その後の、日本企業の賃金体系の骨格を成すものとして、非常に長きにわたって、つい最近まで継承されてきたものです。

これとは別に、この時期、その後の賃金体系に大きな影響を及ぼす出来事がありました。一九四六年、ＧＨＱ労働諮問団が来日し、賃金制度に関する勧告を出したのです。「職務評価の健全なる原則、すなわち、性別、年齢或いは婚姻状態に基づかず、当該職務に必要な義務および責任に基づくところの賃金・給与制度に向かって努力することを勧告する」という職務給化への勧告でした。つまり、属人的な要素によってではなく、職責に応じて賃金は決定されるべきという方向です。

職務給はこれ以降、出てきては消え、出てきては消えを繰り返しますが、最初の登場はこれに端を発しています。戦後のこの時期は、まだ生活の安定が優先され、生活給をベースにした年功重視の電産型賃金に多くの関心が寄せられていましたが、職務給は賃金体系における一つの理想型として、その後何度も導入を模索されることになるのです。

(2) 職能給の誕生

一九五〇年代に入り、公務員への職階・職務給体系が導入され、一部の民間企業でも、職務分析・評価や職務給化に取り組む企業が増えてきました。しかし、五〇年代も後半に入ると、インフレの昂進に伴い、賃上げ要求が増し、春闘が過熱し、労使関係の安定が阻害される状況となりました。このような状況下、それまで制御不能であった賃金原資を、制御可能にすることが喫緊の課題となり、定期昇給とベースアップを分ける、「定期昇給制度」が日経連から提唱されました。これは、年々一定率上昇するというものですから職務給化には逆行する方向ですが、賃金を生活ベースから経営ベースに転換したという意味で、極めて重要な意味を持つものです。

一九六〇年代になると、五〇年代の定昇制度により一時的に停滞していた職務給を、「年功に拠らない、より理想的な賃金体系への移行」という点から、再び導入する企業が増えてきました。鉄鋼大手や電機各社などが相次いで職務給導入に取り組み、一九六〇年代後半には一部中堅企業も導入に取り組むなど、わが国における職務給普及の一時期を画すことになります。

しかし、高度成長と技術革新の進展が著しくなった時代背景の中で、頻発化する職務の発生・消滅・再編成などの状況下、職務の硬直化を招く職務給の活用は、限定的になりがちでした。結局、高度成長期を通じて、賃金上昇を少しでも抑制しようという経営側の試みは職務給の導入によっては果たせず、企業は賃金制度の見直しを職務中心でなく、能力中心で考えるようになっていきました。職務遂行能力を基準に設計される職能給の誕生です。

ただし、当時の職能給体系は、資格別の職能分類を示す程度のものが多く、さらに、建前上は職能分類による職能資格を作るものの、それは資格別の滞留年数に多少の幅を持たせ、同年入社でも必ずしも一斉に昇格はしないという程度のものでした。また、高度成長期にはまだ、企業にそれなりの余裕もあり、「高能率、高賃金」といったことも言われ、能力主義自体、いまだ味つけ程度というレベルにありました。

このように、職務給化で幕を開けた五〇年代は、インフレの昂進によって年功的な定昇制度にいったん後戻りしました。六〇年代に入り、再び職務給化の流れになったものの、高度成長による職務内容の再編の中で、活用方法が限定的になり、結果、賃金上昇を食い止める役割を果たすことができず、職能給化へ向かうことになります。しかし、これも、基準の曖昧さなどにより、本来の形には到らず次の時代を待つこととなる、という行ったり来たりの変遷をたどった時期でした。

(3) "脱年功"へ

一九七三年のオイルショックにより、インフレが進み、深刻な不況に陥りました。雇用不安が起こり、一時帰休や賃金カットが行われました。こうした環境のもと、「雇用か賃金か」の選択、つまり、「年功賃金体系を維持するか、終身雇用を維持するか」の選択が迫られることになりました。労使は、雇用の安定を優先し、年功賃金体系の修正に着手することになります。

また、これに加えて、この時期に年功賃金体系の放棄を促す状況が起こります。一つは、技術革新の進展に伴い、勤続年数と熟練度の向上は必ずしも連動するものではなくなり、年功給では、「同一労働同一賃金」の原則が成り立たなくなるという状況です。もう一つは、七五年以降、高齢化の進行と低成長経済の中で、人件費の高騰が生じ、年功に応じた賃金の支払いが困難となったのです。

このようにして、戦前、戦後を通して一貫して続いてきた生活給を中心とする年功賃金体系は、一九七〇年代後半から漸次、能力主義賃金への転換を進められることとなり、職能給が各企業に導入され始めていきました。年功生活給の行き詰まりの中で、職務給の導入も再度模索されましたが、組織や職務の硬直化につながるなどの難点により、現場に馴染まず、賃金体系の主流になることはありませんでした。ただし、職能給を導入する中で、職務給の考え方が大きく取り入れられ、職務調査を通じ、必要な知識、技術、経験を洗い出し、職能要件として位置づけ、これを軸として職能給体系は発足を見たことになります。

新しい「職能」に関心が寄せられる中で、職能概念の明確化議論も高まり、八〇年代に入り、日経連が定義した「職能とは、あくまで職務遂行能力のことで、職務と関係のない能力は除外される。職務遂行能力とは、当該企業が経営上必要とする職務の遂行を通じ発揮する能力のことである」という概念が一般的になりました。

この職能概念が定まってくると、人事処遇制度の仕組みや運用の考え方も徐々に整い出しました。八〇年代後半に、職能資格制度、目標面談制度、人事考課制度の三点セットを人事処遇のコアシステムとし、これに「育成」「活用」「処遇」のサブシステムを結びつけ、トータル化する考え方が広まりました。そして、賃金制度は、サブシステムの中の「処遇」の重要な一つとして位置づけられるようになったのです。

以上のように、七〇年代は、今現在の状況に似通った環境にあったと言えます。現在と同様に、「雇用か賃金か」の選択が迫られ、結果として、〝脱年功〟の方向に向かいました。生活年功主義が崩れ、能力主義に転換する過程で職務調査という概念が取り入れられ、職務給と職能給の融和の中で、一九七五年以降の日本の人事・賃金体系が構築されていったとも言えます。八〇年代は、職能概念が明確になり、人事処遇の三点セットの考え方が強まり、職能資格制度が確立した時期でした。

(4) 給与原資の〝分配革命〟

一九九〇年代は、「高齢化」「国際化」「低成長」「価値観の多様化」「ホワイトカラー化」等、これらがすべて本格化した時代と言えます。六〇年代以降、常に似通った状況はありましたが、今回は、それらの言葉に、「本格的な」や「未曾有の」、「いよいよ深刻化する」等の形容がつくようになったことからもわかる通り、すべてにおいて待ったなしの状況になったのです。

こうして再び、七〇年代と同様に、「雇用か賃金か」の選択が、より緊急性高く迫られる状況となりました。一方、八〇年代に仕組みとしては完成を見た職能資格制度も、基準の曖昧さなどから、運用上は相変わらず年功から脱却できずにいました。上記のような広範囲にわたる劇的な変化の中で、右肩上がりの能力主義賃金の維持が困難になり、またその変化の急激さゆえに、多くの会社において、リストラによる人員整理に拠らざるを得ない状況となりました。

こうして終身雇用は崩壊し、「長期の企業貢献＝長期の労働報酬」を目指す年功賃金はその存立基盤を完全に失ったのです。

年功賃金の見直しは必然的に、賃金制度において、「短期の企業貢献＝短期の労働報酬」を目指す動きをもたらし、職務給がそれを実現しうる体系の候補として挙げられるようになりました。職務給の再々登場です。

職務給は、すでに世界で広く利用されているため、経済の国際化の中で有力な候補となったことも、この流れを促進しました。加えて、外資系企業との人材争奪戦の中で、市場価値のある人材に対する処遇方法の見直しが迫られ、これも職務給への流れを加速させる一因となりました。

なぜ、今回の人事改革で初めて、「仕事基準」が本腰を入れて導入され、職務給の定着へ向かったのでしょうか。一九七〇年代は、不況といえどもまだ二、三％の低成長はしていたので、従業員全体の定昇が可能であり、年功性はまだ何とか維持できました。その後、職能給が導入されて年功の比率は若干減ったものの、年功性は変わらず続きました。

しかし、今回のようにゼロ成長、あるいはマイナス成長となり、特に急速な高齢化が人件費を圧迫する状況のもとでは、もはや年功的に全体の給与を上げることは不可能となりました。そうなると、高業績者のモチベーションダウンが起こり、人材の流動性の高まった労働市場の中では、有能な人材から順に流出してしまうという事態に到ることになったのです。それを防ぐためには、処遇にメリハリをつけて、有能な人材のモチベーションを高めなければならず、給与原資の〝分配革命〟が求められるようになりました。「貢献度に応じた報酬を与える」、そのロジックとして、仕事の大きさ（ジョブサイズ）をベースにせざるを得なくなり、分配革命のインフラとして、職務給化が進んでいったのです。ただし、職務給と言っても、従来型の細かな職務等級を設定するものとは異なり、ブロードバンドと言われるように、大きくくくり、その中でパフォーマンス（業績）によって変動させる、パフォーマンス給により近いものです。

(5) 日本でのコンピテンシーの登場

日本企業の人事体系は、以上述べてきたように、各々の時代背景のもとで、その目的を変え、形を変えてきました。現在は、この環境下にあって、成果主義型人事体系への移行が進められています。そして、近年進んでいるコンピテンシーの普及には、理由としていくつかの側面がありますが、大きく三つの側面に分けて説明することができます。

まず、最も根本的な点として、「成果主義の方向に向かうにあたっては、それを成立させるうえで不可欠の条件があり、それを満たすため」という側面です。次に、「成果主義に向かう場合、弊害が生じ易い点があり、それを防ぐため」という側面があります。最後に、「厳しい経営環境のもとで、人材を最大限有効に活用していくため」という側面です。

まず一点目の、成果主義を成立させるうえで不可欠の条件を満たすため、という点についてです。一人一人の業績に応じた処遇を行うことが成果主義の方向ですが、これが妥当性を持つためには、配置が適正でなければなりません。各人の適性や実力を十分生かせないようなポジションに就けておいて、業績を問うわけにはいかないからです。適正配置を実現するうえでは、コンピテンシーに基づくアセスメントを行い、各人の適性を捉えることが必要になります。この、成果主義を成り立たせるための適正配置という観点から、コンピテンシーの導入が強く要請されているのです。

次に、成果主義に向かう場合に起こりがちな弊害を防ぐため、という点についてです。成果主義を徹底し、成果と処遇の連動性を強めていくと、個々人は短期的な業績や結果ばかりを重視するようになり、達成しやすい目標を設定する傾向に陥ったり、職場内のチームワーク、あるいはマネジャーであれば部下育成をおろそかにする等の問題が生じてきます。これらを防ぐためには、業績や結果だけではなく、そこに到るまでのプロセスも併せて評価する必要があり、この過程においてコンピテンシーの導入が進んできたのです。結果に到るまでのプロセスの評価はこれまでもありましたが、その部分のコンピテンシーへのシフトは、客観的な評価と、貢献度の評価という、二つの理由によるものです。詳しくは第4章で述べますが、より客観的な評価を実現するという観点と、プロセスの中で業績に最も近い点を評価するという観点から、従来の知識・スキルおよび、態度・取り組み姿勢の評価に替えて、コンピテンシーに基づく行動評価が導入されるようになったのです。

最後に、人材の有効活用のため、という側面についてです。コンピテンシーは職務適性を表わすものですので、一点目に述べたように、配置や昇進昇格において、それぞれの職種、ポジションに向いている人を選抜するという目的に合致するものです。それは同時に、教育ニーズを明らかにして適性を開発し、プロフェッショナルを早期に育成するという目的にも適ったわけです。昨今、多くの企業において、採用人数を絞るなど、人員的な余裕はなくなってきており、限られたリソースを最大限に活用しなければ、競争に生き残れない状況に置かれています。そのため、適材適所での配置や各分野におけるプロフェッショナルの早期育成による、組織力の強化が急務となっており、その方向を進めるものとして、コンピテンシーの導入が加速しています。

2　米国企業における人材マネジメントの変遷

第1節では、日本における人事体系の変遷をたどり、その流れの中でコンピテンシーを位置づけました。今度は、コンピテンシーの誕生に到る経緯を明確にするうえで、米国における人事体系の変遷を簡単に振り返ってみたいと思います。米国における人事管理がどのような変遷をたどって今日に到っているか、そしてその中で、どのようにコンピテンシーが登場し、普及していったのかを振り返ることは、今後の日本における人事管理の行く末を考えるにあたっても重要であると考えられます。

(1)　第二次世界大戦まで

企業社会は、米国においては非常に早くから発展し、一九世紀の終わりには、すでに大量生産方式をとった大規模な製造業がいくつも誕生していました。しかし、ブルーカラーが大半を占めていたこともあり、人事管理は経営者の関心の外にあり、労働者の採用や解雇、処遇、教育まで、すべてが工場の職長の手に委ねられていたのです。したがって、誰を採用し、誰を解雇するかは、すべて職長の考え如何であり、組織体としての人事管理には程遠いものでした。

米国の製造業は、二度の世界大戦を契機に大きな発展を遂げることになります。まず、第一次世界大戦中、米国政府としては軍需物資の間断のない供給が最優先課題であったため、労使紛争が起こり、生産がストップするようなことがないよう、紛争の火種となるような要素は極力除去するように努めました。軍需物資を供給する製造業に対して、労働時間制限や最低賃金保障、安全衛生維持などを要求し、同時に、労務管理者の育成も促しました。

第一次世界大戦後の一九二〇年代、戦争の被害を大きく受けた欧州諸国に代わって、米国は大量の物資を生産、供給するようになり、企業活動が活発化し、経済的にも急拡大を遂げました。後に「黄金の二〇年代」と呼ばれる時期です。この頃、企業は労務部を設置して、従来、職長が担当していた労務関係の仕事を徐々に労務部に移管するようになったのです。


しかし、一九二九年の大恐慌を機に、状況は大きく変わります。労働力は過剰になり、失業者が急激に増大し、一九三〇年代初頭には失業率はピークを迎えます。労働組合の力は減退し、多くの企業は、職長に人事管理のすべてを委ねるという、従来の方式に逆戻りしてしまいました。同時に、賃金も大幅に切り下げられました。

その後、労働組合の権利を支持する法律が制定されたことで、労働組合の組合員数は急激に拡大しました。これにより、労働運動も激化し、ストライキも急増しました。ストライキへの対策の一つとして、企業は賃率決定根拠の妥当性を説くため、より客観的な決定方式を模索し、ここから、職務分析、職務評価をもとにした、職務に基づく賃率決定方式が生み出されたのです。

第二次大戦が始まると、再び軍需物資の供給が最優先課題となります。米国政府は、労働力の確保のため、一九四二年に大統領命令によって、「戦時労働委員会」を創設し、労働力の最大化へ向けて、人材再配置計画や管理監督者の育成など、いくつかのプランを実行に移しました。人材再配置計画にあたっては、職務分析、職務評価が行われ、論理的な昇進の仕組みなども作られ、また、労務部の設置を企業に促しました。

(2) 戦後の繁栄

第二次大戦後、米国は再び「世界の工場」として経済をさらに拡大し、大きな繁栄期を迎えます。一九六〇年代に入ると、数多くの大企業が出現し、多くの従業員を擁するようになったことから、賃金の社内公平性を維持する必要性が出てきました。そして、「ポイントファクターシステム」が考え出され、多くの企業で取り入れられるようになりました。これは、各職務の難易度、自社にとっての戦略的重要性、求められる知識・スキルのレベルなど、様々なファクターを評価してポイント化し、これによって社内における職務序列を決定し、さらに、これに基づいて賃金を決定するというものです。

一九七〇年代に入り、職務給制度が確立しました。職務分析と職務評価による職務序列の決定、それに基づく賃金の決定、といった職務給制度の基本型がここで確立したのです。賃金水準の決定にあたっては、外部競争力と社内公平性の両面が考慮されるようになりました。外部労働市場の水準をベンチマークし、かつ社内公平性の維持が確認され、賃金水準が決定されます。また、職務分析の結果作成される職務記述書は、採用や配置、異動、育成、評価等、人事管理の各場面すべてにおける基礎情報として用いられるようになりました。またこの頃、ホワイトカラーに対しては、個人の業績を賃金に反映させる工夫がなされます。これは、メリット給と言われ、「ペイ・フォー・パフォーマンス（業績給）」の初期の形態です。

(3) 国際競争力低下への危機感

一九八〇年代に入り、企業を取り巻く環境は劇的に変化します。日本企業や欧州企業の追い上げによる国際競争力の低下、規制緩和による競争の激化、技術革新の伸展、生産拠点の海外移転などの環境変化により、雇用が逼迫する事態に陥ったのです。そして、雇用の安定を最優先の課題とし、賃金の大幅な切り下げや凍結、労働時間の変更、福利厚生の削減と労働組合の譲歩が相次ぎました。また、労働組合は、基本給の切り下げに替えて、業績賞与、利潤分配制度、奨励給等の新しい賃金制度を導入するようになりました。企業、部門、個人の業績に応じた、「ペイ・フォー・パフォーマンス」です。

この流れを受けて、一九九〇年頃から、賃金の仕組みは徐々に、伝統的な職務給体系から、ブロードバンド型の職務給へと移行していきます。従来型の細かな等級を有する職務給制度では、異動によって等級の変更が伴うケースが多く発生し、配置転換や人事異動が円滑に行えず、急速な市場の変化や技術革新に柔軟かつ迅速に対応しにくく、変革も妨げられ易かったのです。そこで、等級をより大きくくくるブロードバンド型の職務給を導入し、職務等級の数を減らすことで、異動・配置転換等の円滑化が図られました。

また、一九八〇年代には、米国は、米国産業の国際競争力の低下に強い危機感を持ち、産業界をはじめ、国をあげて国際競争力低下の原因究明に乗り出しました。マサチューセッツ工科大学（ＭＩＴ）は一九八六年、米国、ヨーロッパ、日本の二〇〇社以上の会社や数百人の有識者や実務家にインタビューし、膨大な情報を収集しました。その結果、「日本では労働者が戦略的資産として時間をかけて訓練され、育成されている。労働者の技能の開発と養成の立ち後れが、米国産業の国際競争力低下の主要な原因の一つである」と結論づけられたのです。

労働者の質や生産性の向上こそが、米国の競争力を回復させ、「人的資源こそ、企業の競争優位の主たる源泉」との認識から、企業内の教育訓練も、一九八〇年代以降、拡充されることとなります。こうして米国も、長期的な経営や、人材育成を重視する方向に一気に向かったのです。日本企業の製造現場から学ぶことで、現場で働くワーカーのスキルアップを促進し、それによって競争力を強化しようとする動きが起こりました。そして、従業員の技術習得を促進するため、賃金制度においても、個人の持つ技能を賃金に反映させる技能給（スキル・ベースド・ペイ）を導入する企業が一九八〇年代から増加し始めました。

(4) コンピテンシーの普及

コンピテンシーは一九七〇年代から心理学の領域で研究されており、長い歴史を持っています。米国は戦争を契機として、職務や職務能力の大規模な分析や開発が、産業心理学者などを中心に行われており、技能の研究やコンピテンシーの研究も、その延長線上に位置するものです。このコンピテンシーが、人事管理の分野に本格的に導入され始めたのは一九九〇年代に入ってからですが、コンピテンシーがこの時期に一気に普及したのも、一九八〇年代から続く、米国企業における人材能力向上への取り組みの、一つの表われであると言えます。工場のワーカーに対しては技能向上のための教育訓練が有効でしたが、ホワイトカラー化が進む中で、ホワイトカラーの能力向上の重要性が増し、コンピテンシーが使われるようになったのです。

育成だけではなく、処遇の面からも、コンピテンシーは着目されました。人による裁量が大きいホワイトカラーに対しては、仕事の価値だけで賃金を決めることの不合理性から、より人間的な側面を重視する形で日本モデルを参考にしながら、コンピテンシー概念が導入されたのです。ただし、賃金の決定については、労働市場の賃金水準と比較しやすい職務給がまだまだ主流であり、比較しにくいコンピテンシー給は導入が遅れています。とは言うものの、米国の賃金も、人間基準に接近しつつあることは間違いありません。

3　人事体系マトリックスモデルから見た日米人事の変遷

以上見てきました、日本と米国のこれまでの人事体系の変遷を一つの図にまとめると、図1―1のようになります。マトリックスの横軸は、組織内の序列であり、人事処遇の軸となる資格等級（グレード）です。左から、年功、職能、職務群、職務となっています。職務群とは、同程度のジョブサイズの職務をグループとしてくくったものであり、これをベースとした賃金体系は、ブロードバンド型の職務給となります。次に、縦軸は、評価の対象を示しており、下から、主観的相対評価、能力・スキルの評価、コンピテンシー評価、業績評価となっています。

⑴　組織内の序列も評価対象も変化させてきた日本

これに当てはめて、まずは日本における人事体系の変遷をたどってみます。まず戦前・戦後を通して「身分制度」から「職階制」をたどってきた資格等級制度が、一九六〇年代以降のポ

図1－1　日米人事の変遷

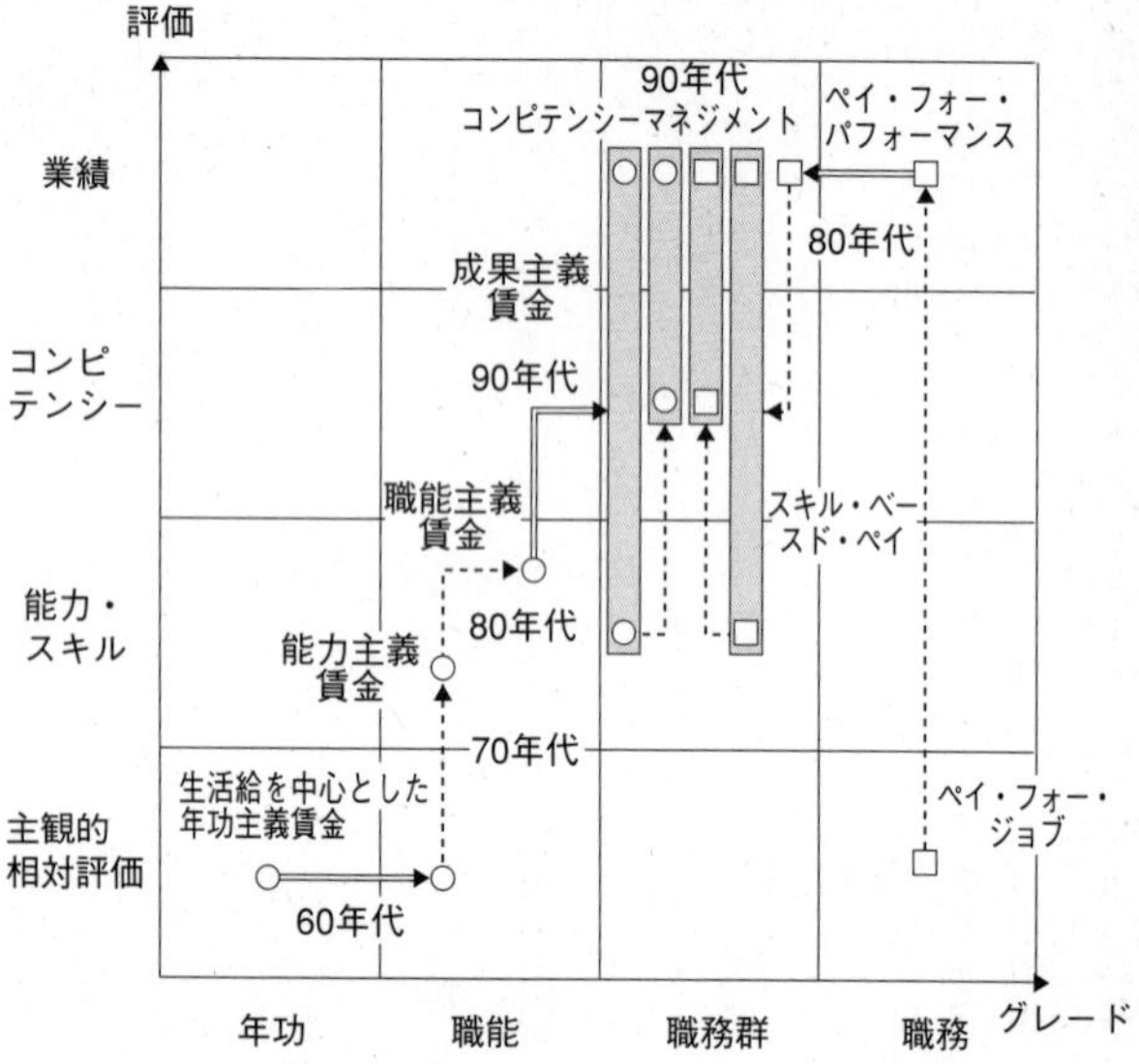

（注）○日本　□米国　⇒グレードの転換　- - ▸評価の転換

スト不足を背景に、徐々に「職能制」へと移行していきます。この時期における賃金は、生活給を中心とした「年功主義賃金」でしたが、これが七〇年代の不況を背景に、「能力主義」の方向へと修正されます。評価も、それまで「主観的な相対評価」が主流であったものが、七〇年代後半以降、「能力」を評価する育成型の絶対評価に発展することになります。

八〇年代に入り、職務との関係性を強めることで「職能」の概念が定まり、それをベースにした人事処遇の枠組みも整い、「職能主義賃金」へと移行します。この時期に、目標面談制度が普及しますが、これは能力開発を目的としたものであり、業績の評価を直接的な目的としたものではありませんでした。職能を評価の対象としていたものの、賃金の運用は依然、年功的に行われ、九〇年代に入ってバブル崩壊後の不況と高齢化の進展の中で、年功的な処遇は維持しえなくなります。そして、処遇の軸を年功に流れがちな「職能」から「職務群」へと移し、同時に、個々人の業績を厳しく評価をすることが要請されるようになりました。また、それまで曖昧であったプロセスの評価についても、より客観性を増すなどの目的で、「コンピテンシー」が導入されるようになりました。そして、現在、ブロードバンド型の職務給体系のもとで、「成果主義賃金」へ移行中であるという状況にあります。

(2)　職務をベースに評価対象を変えてきた米国

次に、米国における変遷を、これをもとにたどってみます。一九世紀の終わり頃から、非常に長きにわたって、工場の職長による「主観的相対評価」による労務管理がなされてきました。一九四〇年代になって、労働組合による組織化を防ぐため、公正な賃率決定の目的で、職務分析と職務評価を実施する企業が徐々に出てきました。そして、第二次世界大戦後の一九六〇年代、数多く誕生した大企業において、賃金の社内公平性を維持する目的から、ポイントファクターシステムが導入され、「職務」序列をもとに賃金が支払われる、「ペイ・フォー・ジョブ」

へと進みました。

八〇年代に入り、米国企業の競争力低下を背景に、賃金は業績に応じた変動給の方向へ向かい、「業績」を評価し、給与に反映させる、「ペイ・フォー・パフォーマンス」へと進みます。同時に、環境の変化へ柔軟に適応するため、職務と給与との関係を緩和し、「ブロードバンド型」の職務給へと移行します。同時期にもう一つの動きとして、日本企業からの学びをもとに、企業競争力の強化を目的とし、従業員の技術の習得を促進するため、技能による給与、「スキル・ベースド・ペイ」も導入されるようになり、続いて、ホワイトカラー向けに、「コンピテンシー」が評価ファクターとして普及しました。

4 〝できる人〟（ハイパフォーマー）から学ぶという考え方

以上、述べてきたような経緯を経て誕生してきたコンピテンシーですが、日本において、なぜこれほどまでに急速な普及を見せているのでしょうか。もともと、〝できる人〟から学ぶ、という方法は、歴史的に職人文化を色濃く持つ日本においては、極めて自然な方法であり、馴染みやすかったということが、その理由の一つであると考えられます。師匠の〝背中を見て学ぶ〟ということは、古くから行われてきたことです。

自分よりもそのことをうまくできている人がいれば、その人から学ぶというのは当然なことと言えるでしょう。まったく誰もやったことのないことをやる場合には、試行錯誤がしばらく必要となりますが、実際に同じことをやっている人がいて、自分よりもうまくできているのであれば、それを見習わない手はないはずです。原始の時代でもおそらく、狩りをするうえで、自分よりもうまくできる人がいれば、その人のやり方を見て真似をするということは、当然の方法としてあったに違いありません。

では、ハイパフォーマーから学び取るということの、実際の例をいくつか見てみたいと思います。

(1)　〝できる人〟と〝普通の人〟の違いを探す

まず最初は、MRの例です。MRとは、Medical Representative の略称で、医薬品メーカーの営業職です。大学病院などに出入りしてドクターに会い、自社製品の紹介、臨床試験の結果や学会の報告等、医薬品に関する情報を提供し、自社製品の販売促進をするのが仕事です。

コンピテンシー分析にあたり、まず、高業績者グループと平均的業績者グループとに分け、それぞれに共通のインタビューを行いました。その中で、「この仕事はどんな仕事ですか？」と敢えて漠然とした質問を全員に行ったのです。これに対し、平均的業績者のほとんどの人たちが異口同音に言うには、「見ていておわかりの通り、この仕事は非常に難しい仕事で、本当に神経の疲れる仕事です。影響力の大きな教授たちは、オペも多く、常にピリピリしており、不機嫌な時に話しかけて気分でも害したら致命的だし、そういう意味からも、感情の機微というものを見極められなければ、この仕事はやっていけません」ということでした。

一方、高業績者グループの半数以上の人たちからは、これとはまったく異なった、別の答えを共通に聞くことができました。それは、「我々は、ドクターにとって医薬品に関するパートナーです。ドクターは、どの医薬品を選ぶかにあたって、各医薬品の特徴や臨床データ等、我々からの情報を必要としているのです」というものでした。

そして、それぞれの行動はというと、特徴的であった点を挙げれば、次のようになります。平均的業績者の人たちは、とにかく「顔を売る」という行動に終始しがちでした。「キーパーソンのドクターに会えるまで延々と待って、そしてドクターが忙しいような場合は、挨拶の一つでもして帰ってくる」といった行動パターンを繰り返していました。一方、高業績者の多くは、「医局を訪ねて、ドクターがいなかった場合は、何か役に立つ情報を置いて帰ってくる」ということをしていました。もちろん、これらは各々のほんの一端ではありますが、これら行動パターンの違いの結果として、極めて大きな業績格差が生じていたのです。

平均的業績者の人たちも、同じようにすればよいのでは、と思われるかもしれませんが、実際にはそう簡単ではありません。情報をとってまとめるのにも相当の時間を要するので、病院訪問の他、新製品や競合製品に関する新しい情報の収集や業界内での情報収集、営業活動報告などに追われている中で、限られた時間の多くをそういう作業に割り当てるということには、困難が伴います。よほどの確信がない限り、実際には、そういう行動は起こせないのです。また、それぞれのドクターがそれぞれの立場、タイミングで、どのような情報を求めているのか、あるいは、情報をどんなふうにまとめたらよいのかなど、できそうでなかなかできないのが現実です。ハイパフォーマーから学ぶといっても、工場のワーカーではないので、見様見真似ではなかなか同じようにはできません。

ヒントを得た後、しばらくは試行錯誤の期間が必要となります。ここで我慢して何度もやるか、やらないで終わりにしてしまうかも、分かれ道と言えるでしょう。うまい具合に業績に結びつかなければ、どうしてもあきらめてしまいがちです。MRの場合、「ドクターの欲しい情報をタイムリーに提供して存在感を増す」という行動は明らかに、この仕事におけるポイントの一つではありますが、それをするためには「対人感受性」や、情報をまとめ、伝えるうえでの「論理的思考力」や「情報伝達力」などのコンピテンシーが求められます。これらのコンピテンシーがもともと強ければ、このようなヒントを得て比較的短期間で実績に結びつくかもしれませんが、多くの場合は、それらを向上させながら取り組んでいくわけですから、なかなか一朝一夕にはいかないのです。

そうは言うものの、どのようにして高業績者になるのかと言えば、やはりこれが最短距離であることは間違いありません。何が違うのかわからない、という状態ではいっこうに前には進まないわけですから、それについての実証済みのヒントがあるということは、高業績へ向けての行動改革に関して、何よりも大きな推進力になることは間違いないのです。


もう一つ、住宅営業の例を見てみたいと思います。住宅の営業では、ほとんどのケースで意思決定者はその家庭の主婦であると言います。それゆえ、多くの場合、セールスのポイントとなるのはキッチンということになります。つまり、その家のキッチンの設計を奥様に気に入ってもらえれば、成約に到る確率が格段に高まると言うのです。

このあたりのことまでは、住宅の営業をやっている人であれば誰しも知っていることですが、分かれ道はその先です。それがわかっているだけで、成約を得られるというわけではなく、成約までのプロセスにおいて、押さえるべきポイント、逆に言えば、落ちてしまいがちな落とし穴はたくさんあるのです。それらに落ちないために、ハイパフォーマーたちが行っている行動というものがあります。例えば、「気まぐれやわがままに振り回されず、真のニーズを把握するため、前回の打ち合わせで聞いたことをいったん書面にして、確認をしてから次に進める」

や、「最も不安になりやすい、契約から引渡しまでの間に多くコンタクトをとるようにする」などです。これらのことを意識してやっていない人たちは、こういうことを聞くだけでもまったく違います。活動のウェートに大きな変化が生じます。

こういう行動は、確実に成約に進めていくためにキーとなる行動であって、他の行動にどれだけ膨大な時間を費やしても、これらの行動がとられていない場合には、成約に結びつかないことが多いのです。また、これらの行動の一つ一つが、その後の長期的な関係作りの基礎となり、紹介につながったり、そこのお宅を他のお客が見学に来るのを快く引き受けてもらったり、ということにつながり、好循環が生まれてくるのです。

(2)　上手な人に教わるのが上達の早道

最後に、スポーツの世界を例にとって、〝できる人〟から学ぶということを考えてみたいと思います。スポーツの世界では、このことは至極当然のことであり、この方法がいかに自然な方法であるかがわかります。野球でもゴルフでもテニスでも、水泳でも、自己流で何度かやっているうちにそれなりにはできるようにはなっても、一定レベル以上にはなかなかならないものです。つまり、ハイパフォーマンスを上げるまでにはなかなかいかないのです。ではどうするか。やはり、うまい人に教わるのが一番の早道です。

そして教わった通りにやって何度か練習を繰り返し、一つ一つコツを自分のものとしていきます。すると、ある一定期間の練習の後に、急に飛躍的な上達を遂げることがあると言います。この飛躍こそが、ハイパフォーマンス・パターンの修得です。そこまで我慢できずにやめてしまえば、もとの状態に戻ってしまいます。ハイパフォーマンス・パターンを習得し、それをいったんつかんでしまえば、その後それは継続されます。水泳でクロールがいったんうまく泳げるようになった後に、また急に泳げなくなることはまずありません。

Ⅱ コンピテンシーの基本的な考え方

●コンピテンシーの開発は、一九七〇年代の米国政府機関での「業績予測要素」の開発に端を発しています。
●仕事において常に高い業績を上げる人に特徴的に見られる、物事の考え方や仕事に対する姿勢、こだわり、行動特性であって、明確に定義でき、観察でき、測定できるものが、コンピテンシーです。
●常に高い業績を上げている人は、知識やスキルだけではなく、その仕事に必要なコンピテンシーが備わっている人です。
●本章では、コンピテンシーの概念とコンピテンシーモデルの構築方法について、基礎的内容を説明し、また、Q&A形式を通してポイントを整理します。

1　コンピテンシーの概念

　これまでの説明で、コンピテンシーの意味や位置づけについては、ご理解頂けたかと思います。本章では、コンピテンシーの概念や、コンピテンシーモデルの構築方法など、基本的な知識について解説していきます。

　コンピテンシーの概念について、まずはコンピテンシーの説明によく用いられる、氷山モデルを使って説明します。

　図2－1は、人を氷山にたとえて見たものです。氷山の八割以上は水面より下にあると言います。水面下の見えていない部分は、持って生まれた性質であり、人格や性格、才能などにたとえることができます。これらは先天的なものであり、後天的に変えようと思って変えられるところではありません。一方、水面上に表われている部分は、後天的に習得することができる知識やスキルにたとえることができます。これらはこれまで企業の中で、人の評価や育成においてフォーカスされてきた部分であり、この部分の向上に関しては、従来から様々な教育研修プログラムが用意されています。

　しかし、一つの疑問として、これらの知識やスキルの習得は、どの程度、業績に結びついて

図２－１　氷山のモデル

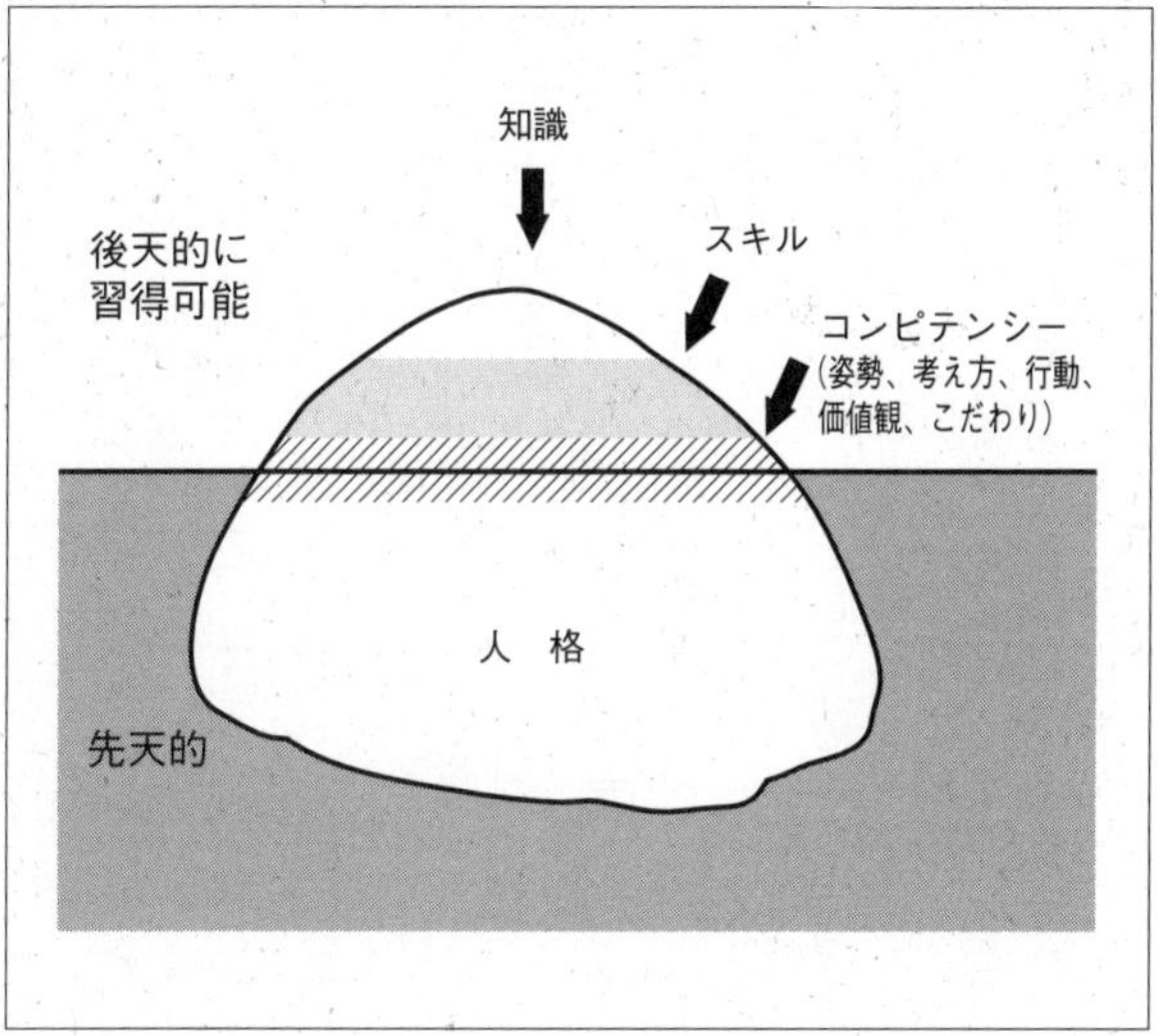

いるのだろうかということがあります。例えば、同期入社で同じ部署に配属された社員の場合、まったく同じ教育が施され、知識やスキル等、多少の理解力の差こそあれ、ほとんど同質のものが提供されていると考えられます。

営業職であれば、一年目はビジネスマナーの習得、二年目、三年目は営業基礎トレーニング、四年目、五年目はより実践的、応用的なトレーニングといった具合にです。しかし、多くの場合、入社後四、五年もすれば、営業職などは特に、その業績の個人格差は大きく表われてきます。二倍や三倍、扱っている商品によっては五倍、一〇倍という差がつくこともあります。

この差はいったいどこから生まれてくるのでしょうか。確かに、知識やスキルは職務を遂行していくうえでのベースとして必要なものですが、それらを活用して高業績を上げるという点においては、何か別の要素が大きく関係しているということになります。企業の人材開発担当者も、この点の問題意識が常に色濃くあったのではないでしょうか。

コンピテンシーの開発がなされる以前は、これらの差はすべて水面下にあたる人格や性格、持って生まれた才能によるものだから、後天的にはどうしようもないものとしてあきらめられてきました。つまり、企業としてやるだけのことはやったということで、業績格差は放置されてきたと言ってもよいでしょう。

しかし、コンピテンシーの研究、開発によって、氷山で言えば水面すれすれのところに、もう一つ別の、仕事上での業績と結びつきの強いファクターが存在することが明らかになりました。これらは継続的に高い業績を上げる人に特徴的に見られる、物事の考え方や仕事に対する姿勢、こだわり、行動特性であり、それらは明確に定義でき、観察でき、測定もできるものと確認され、コンピテンシーと名づけられたのです。

ただし、欧米では、知識やスキル、または動機なども、コンピテンシーに含められることが多いようですが、これらはもともと、測定方法も育成方法も異なるものであって、一緒に扱うことには非効率が発生し、また業績との結びつきという点もぼやけてしまうため、本書では、それらの部分は除いた形で、氷山で言うところの水面すれすれの部分のみを捉えて、コンピテンシーと言うことにします。

コンピテンシーはもともと、一九七〇年代の初頭に米国の政府機関における採用選考方法として開発されたものです。「業績予測要素」なるものを見出す研究がなされたのです。この時の様子を簡単に振り返ってみましょう。

一九七〇年代の初め、米国務省は外交官の採用に関して頭を抱えていました。当時、適性検査および、知識やスキルに関するテストを用いていましたが、採用テストの成績と外交官としての業績との間に相関が見られないことが判明していました。米国務省は心理学者のマクレランド博士に、「業績予測要素」を見出す依頼をしました。これは、採用する前に、採用後の業績を予測しようというものですから、この要素を見出すことができれば、採用した人は採用後に高い確率で高業績を上げることになり、人材のミスマッチは解消されることになります。依頼を受けたマクレランドは新しいアプローチで研究を行い、一九七三年に論文を発表し、それが産業心理学の分野におけるコンピテンシーブームの先がけとなったのです。マクレランドが採用したアプローチは、次のようなものでした。

(1)　明白に高い業績を上げている人をサンプルとして抜き出す

(2) 成功と不成功の分かれ目となった出来事において、高業績者がどのようなことを感じ、考え、実行したか、という事実を明らかにする

(3) 明らかにされた事実から高い業績につながる要因を抽出し、その要因についてスコア化が可能な尺度を作成する

アプローチが示すように、ここで人材のベンチマーキング手法が開発されたのです。このアプローチはコンピテンシーモデル構築の本質的な構成要素を示しており、今なおコンピテンシーとそうでないものとを区別するガイドラインとなるものです。

こうして「業績予測要素」として見出されたコンピテンシーは、その後、ビジネス界から注目され、人材マネジメント上の新概念として広く知られるに到ったのです。現在、欧米の人事システムと日本の人事システムは、グローバルスタンダードとしての着地点を模索して近づきつつあります。そして、その際の核となる一つがコンピテンシーであると言えます。

2　業績を左右するものは、知識やスキルではない

業績を左右するのはコンピテンシーであり、知識やスキルではないという点について、実際のコンピテンシー分析例を示しながら、以下に見ていきたいと思います。

(1)　研究開発マネジャーの例

まず最初の例は、大手電機メーカーに勤める二人の研究開発マネジャーの例です。杉田さんと橋本さんはともに三六歳、入社以来、研究開発者として優れた実績を上げてきました。入社一〇年目となる三年前にそろってマネジャーに昇格し、二人とも六名のチームメンバーを率いて、複数の開発プロジェクトを管理、運営しています。専門知識においても、また、データの取り方や実験の進め方などを見ても、実力伯仲の両者ですが、開発実績を見ると、杉田さんは他を圧倒していたのです。

橋本さんも他のマネジャーと比べて決して劣っているわけではなく、平均的な業績を上げてはいるものの、杉田さんには遠く及びません。そこで、二人の実績の違いはいったいどこから出てくるのか、コンピテンシーに基づく調査をすることになりました。平均的な業績の橋本さ

んに特徴的に見られる行動と、高業績者である杉田さんに特徴的に見られる行動とを、対比する形で整理してみました。

同じようなバックグラウンドを持ち、知識やテクニカルなスキルに関してはまったく差が認められなかった二人ですが、両者の持つコンピテンシーには明らかな違いがありました。杉田さんの最大の特徴は、「相手の立場に立った物の見方ができる」という点でした。経営の視点やマーケットの視点、あるいは製造現場の立場から、発想することができるのです。結果として、無駄な時間をかけずに要領を得た開発が可能となっているのです。コンピテンシーとしては、「対人感受性」「自己観察力」「達成志向性」などが強く出ました。一方、橋本さんのコンピテンシーは、「自己統制力」「ストレス耐性」「追求性」など、地道な一研究者のそれと酷似していることがわかりました。これらの結果として、二人の業績格差が表われていたのです。

このように、技術知識やテクニカルスキルに関しては、ほとんど違いが見られなかった二人ですが、コンピテンシーの切り口で分析することによってはじめて、業績格差の原因がわかったのです。この調査によって、業績を左右するのは知識やスキルではなく、ある種の行動特性、つまりコンピテンシーであることが確認されました。したがって、たとえ橋本さんが、知識やスキルを今以上に向上させる努力をしたとしても、業績の向上には結びつかなかったでしょう。なぜなら、知識やスキルは、すでに十分なレベルにあるからです。そしてまた、業績格差の要因はそこにはないからです。知識・スキルではなく、行動面の変革を通して、研究開発マネジャーとしての業績に結びつく行動特性を身につけることによって初めて、さらなる高い業績を上げることが可能となるのです。

加えて、今後、研究開発マネジャーの登用の際には、これらのコンピテンシーを測定して適性を見極めることが有効です。また、人材開発上は、橋本さんのような平均的な業績者がどのような点を伸ばしていけば、より高い業績に結びつくのかが明確になるとともに、今後のキャリア形成上の重要な示唆を与えることになるのです。

次に、もう一つ、知識やスキルだけでは判明しない点が、コンピテンシー分析によって、初めて明確になるという点を示す例を紹介したいと思います。

(2)　自動車営業の例

自動車の営業の例です。これらは両方とも、大滝令嗣著『営業プロフェッショナル高業績の秘訣』(ダイヤモンド社、一九九六年)の中で取り上げた例です。弊社が調査した例ですので、本書でも紹介致します。

日産プリンス東京販売の岡さんと、メルセデスベンツ・シュテルン販売店の永島さんのコンピテンシー調査結果です。両者とも全国屈指の高業績者です。もちろん、知識やスキルは申し分なく、周囲からの信望が厚い点など、共通点の多い二人です。しかし、行動分析の結果、まったく違った特徴が発見されました。それぞれの特徴的な点を一つずつ紹介すると、以下の通りです。

まずは、日産プリンスの岡さんについてです。営業所長はじめ、周囲の誰もが口をそろえて、「岡さんは異常に電話が長い」と言うのです。「暇さえあれば電話をかけていて、仕事の話とは思えない話を延々としている」と言うのです。これについて、岡さんは、「車のセールスは、買い替えや紹介が一番確実な方法なので、既に車を納めた客と良好な関係を築き、そこから情報や紹介をもらうのが最も費用対効果の高い方法なのです」とのことでした。実際に、電話の中から友人、知人を含め、あらゆる情報を得て、それらをフォローすることにより、極めて効率的な、無駄の少ない活動が可能になっていたのです。

次に、ベンツの永島さんですが、営業所長が感心して言うには、「永島は常に自分の側に主導権を握っている」とのことです。おもしろいエピソードを紹介してくれました。

メルセデスベンツのユーザーであるお客様方、特に女性の方などは、比較的わがままな方が多いらしく、ちょっとしたこと、例えば、乗っていて何かかすかに変な音がしたくらいでも、電話で営業マンを「すぐ来るように」と呼ぶのだそうです。多くの営業マンは、どんなに忙しくても、なんとか調整をつけて二、三日以内には必ず出向くそうですが、たいていは、「遅いじゃないの」とお叱りを受けると言います。一方の永島さんですが、そういう電話が来た時に、たまたま暇な状況にあったとしても、決してすぐには行かないそうなのです。私は今週、これとこれとやることがぎっしりと詰まっていて、というような説明を延々として、一週間後くらいに顔を出すのだそうです。そしてお客様から何と言われるかといえば、「お忙しいのに、すみませんね」だそうです。

自分で主導権を握って、時間を有効に使うということもありますが、加えて、永島さんが言うには、ベンツくらいの高額商品になると、お客様は「暇な営業マンから買うのは何か心配だ」という心理が働くと言います。常に忙しい営業マンと顧客から一目置かれている永島さんは、当然ながら、紹介も圧倒的に多いそうです。

自動車の営業マンの場合にも、知識やスキルを見る限りでは、自動車に関する知識やセールステクニックなど、どんな自動車を扱っているかに関わらず、同じ点が求められることになります。しかし、コンピテンシーの切り口で見た場合には、明らかな違いが出てきます。

日産プリンスの岡さんの場合、「人間関係作り」という点が、高業績を上げるうえで極めて重要になり、ベンツの永島さんの場合、「企業家精神」とも言える、自分で自分をマネージしていくという点が、高業績を上げるうえで重要になります。この違いはどこから来るのかと言えば、商品特性が異なり、顧客層が異なり、売り方が異なるために、高業績を上げるうえでのキーファクターが異なることに起因しています。

国産大衆車の営業マンの場合、ある販売エリアを担当しており、そのエリアの住人と安定的な信頼関係を構築・維持し、その関係をベースに、他社の商品とそれほど差があるわけではない自動車を売っていくことになります。求められるコンピテンシーとしては、「対人追求力」「成果追求力」「効率追求力」などです。一方、高級外国車の営業マンは、特に担当エリアを持っているわけではなく、店頭にあらわれた客、または独自のネットワークから見込み客を見つけ、ほんの二、三回という短い商談で契約を決めていきます。必要なコンピテンシーとしては、「対人変革力」「自己変革力」「戦略立案力」となります。

このケースでも、業績が上がらないからといって、自動車に関する知識や営業マンとして求められるスキルの向上を促しても、高業績は上がるようにはならないということがよくわかります。また同時に、同じ商品を扱っている同職種でも、必ずしもコンピテンシーは共通にはならないということがわかりました。ちなみに、岡さんのケースと同様に「人間関係作り」という点が、高業績を上げるうえで重要になるタイプは、他の営業職の例で言えば、先に紹介したMRなどがこのタイプにあたります。

自動車と医薬品というまったく異なる商品を扱っていても同じタイプになるという点が非常

に興味深い点ですが、これは、高業績を上げるうえでのキーファクターの共通性によるものです。コンピテンシーは、このように、同じ業種の同じ職種であっても異なります。例えば、消費財メーカーの営業職であっても、扱っている商品の特性（商品の価格帯、ライフサイクル、差異化の強さ等）や顧客、エリア等によって異なり、また、例えば旅行会社の営業などの場合は、個人向けと法人向け、都市型営業と地方型営業のそれぞれで異なります。

以上、見てきたように、常に高い業績を上げている人は、知識やスキルではなく、その仕事に必要なコンピテンシーが備わっている人なのです。逆に、コンピテンシーが備わっていない場合には、いくら知識量を増やしても業績は向上しません。この点が、学校での勉強とビジネスとで異なる点です。学校での勉強では、理解し記憶すれば、それに伴って成績は上がりますが、ビジネスの世界ではそうはなりません。理解しているのと、できるのとは違うという点において、むしろスポーツに近いと言えるかもしれません。スポーツの世界でも、持って生まれた才能の差は大きく出るものの、優れた人から学び、何度も練習を繰り返すことにより、ある程度のレベルまでは達することができます。同様に、コンピテンシーも他から学び取り、行動を実践し繰り返すことにより、より高い業績を上げることが可能になるのです。

3　その仕事の核となる能力

以上二つの例を通して、業績を左右するのは知識やスキルではなく、コンピテンシーであるという点を見てきました。滋賀大学の太田肇教授の言を借りるならば、「それぞれの仕事の〝核となる能力〟」ということになりますが、具体的にはどのようなものなのか、より具体的にイメージして頂くために、二つほど例を示したいと思います。

(1)　提案型営業の例

まずは、提案型営業の例です。Ａさんは、学生時代は文学青年だった人で、どちらかというと物静かなタイプです。自分でも営業の仕事に向いているとはまったく思っていなかったと言います。ただ、もともと人に対する関心が強く、会う人ごとに、その人の人物像についてあれこれ考える癖があったそうです。そのせいか、現在、仕事で会う人についても、自然と「この人はどんな人なんだろう、職場での人間関係はどうだろうか、仕事とプライベートの区切りはきっちりとつける方だろうか、休みの日は何をして過ごしているのだろうか」など、いろいろと考えてしまうのだそうです。

あれこれ考え、たくさんの興味が頭の中にあると、多くは興味本位でありながらも、たくさんの質問をしてしまうのだそうです。そうこうして人物観察をし、いろんなことを聞いているうちに、様々なことが見えてくると言います。この会社の組織がどうなっているかとか、関係する人たちの特徴や力関係、または主たる関心事などです。

ある時、営業先の会社で商談の意思決定者である部長に何度も会っているにもかかわらず、話がまったく先に進まない、という案件を、先輩社員から引き継ぎました。Aさんは二度三度とその部長に会っているうちに、「この人は部下に対しては強いが、他部署との関係には比較的弱く、他部門の部長を説得しなければならないことを非常に重荷に感じている」という状況が確信を持って理解できたそうです。そこでAさんは、社内向けの説得材料となり得る、他社での導入成功例や市場の普及データ等を豊富に盛り込んだ提案書を提出しました。すると、それまで常に引き気味であった部長の顔が、それを見た瞬間にパッと明るくなったと言います。そして、長いこと懸案になっていたその案件で、Aさんは見事大きな契約を獲得したのです。

(2)　外資系金融機関の人事担当の例

もう一つ、外資系金融機関における人事担当の例を見てみたいと思います。Bさんは面倒見の良いタイプで、それも中途半端ではなく、とにかく、誰かの役に立つことが嬉しくて仕方がないというタイプなのです。そのBさんは、中途入社で外資系金融機関の人事の仕事に就きました。

実はその会社では、人事の立場は非常に弱く、何かやろうとしても、ラインの人たちにすぐに反対され頓挫してしまうということを繰り返していました。ラインマネジャーの人たちは欧米のビジネススクール出の人たちが多く、そういう人たちを説得しなければならないため、人事の人もこれまでは、ＭＢＡ（経営学修士号）保持者をヘッドハンティングで採用してきていました。しかし、誰がやってもうまくいかず、その結果、ここ三年間でも五回も担当が代わっていたのです。Ｂさんは、新聞の募集広告を見ての応募であり、ＭＢＡ保持者ではなく、国内の大学卒です。

入社後、しばらくBさんは、現場の御用聞きを楽しんでやっていました。自分の立場としてできることには全力を尽くし、さほど要領の良い方でもないので、毎日のように遅くまで残業をし、結構な労力を割いてやったことでも、結果としてほとんど現場の役に立たないようなことも多くあったと言います。それでも、依頼を受けた現場の人に対して、すべてを包み隠さずに話し、「こういうことを試みてみましたが、結果、全然ダメでした」などということを話し、笑い話にしてしまうのです。時には、「だったらこうしてみたらいいんじゃない」と現場から提案を受け、それをそのままやったら、うまくいったということもあったそうです。

結局、そういうことを約一年半ほどやった頃に、人事部の念願であった人事情報データベース化について、プロジェクトマネジャーの指名を受け、Ｂさんはラインマネジャーたちの支援をうまく得ながら、半年間という比較的短期間でこれを見事に成功させてしまったのです。Ｂさんは、以前にそのポストに就いていた優秀な人たちと比べ、知識が優れていたわけでもなく、またコンピューターなど何らかのスキルに長けていたというわけでもありません。ただ、Ｂさんに特徴的な行動が、この場合、高い業績に結びついたと言えるのです。

4　コンピテンシーモデルの構築

ここでは、マーサー社の保有するコンピテンシーの体系をもとに、コンピテンシーモデルの構築について説明します。

(1)　モデル構築に必要なコンピテンシーの条件

図２―２にある通り、全部で「28のコンピテンシー」に分類されます。この中から、各職務ごとに四～七の重要なコンピテンシーが抽出され、それらがその職務におけるコンピテンシーモデルとなります。つまり、ある職務において コンスタントに高い業績を上げるうえで強く求

ピテンシー定義

3）統合	4）創造
展開力、立案力、影響力、統合力	**変革力、創造力**
自己展開力（イニシアチブ）	**自己変革力**
自己の強みや特長を、環境に合わせて統合・展開する力	自らの行為や価値観を変化・改革する力
対人統合力	**対人変革力**
人に対して影響を与え、指導する力	人に対して感化を与え、変化させる力
成果統合力（成果極大化力）	**成果創造力**
内外の資源を統合し、最大の成果を追求する力	チャレンジングに新しい分野での成果を追求する力
戦略立案力	**戦略創造力**
目標達成のためのプロセスを立案する力	未知の領域への戦略を創造する力
論理統合力（フレームワーク構築力）	**論理創発力（ビジョン構築力）**
混沌とした複雑な対象に対して論理的なフレームワークを適用し、統合する力	未知の領域において、新しい論理的なフレームワークを創造し、適用する力
情報統合力（情報活用力）	**情報創造力（情報発信力）**
広く社内外の、様々な分野の情報を収集・分析・統合・活用する力	価値のある新しい情報を生み出す力
効率統合力（組織効率極大化力）	**効率創発力（自己効率極大化力）**
組織やプロジェクトとしての生産性を高めるための仕組みを立案・展開する力	自己の生産性を飛躍的に高める新しいアイデアを創発する力

図2－2　28のコン

分野＼次元	1）遂行 実施力、追求力、統制力、維持力	2）適応 適応力、調整力、伝達力、協調力
1）自己	自己統制力	自己適応力（環境適応力）
	仕事におけるいかなる状況下においても自己を安定的に維持する力	自己を、チーム環境・職場環境に柔軟に親和・適応させる力
2）対人	対人追求力（対人関係力）	対人協調力（対人サポート力）
	長期間にわたる安定的な信頼関係を築く力	人に対して敏感に対応し、協調し、サポートする力
3）成果	成果追求力	成果調整力（チーム成果志向性）
	目標やゴールに強く執着し、追求する力	チームとして最大の成果が上げられるようにチームの活動をとりまとめ、調整する力
4）戦略	戦略遂行力	戦略調整力
プロセス、手順	定められたプロセスを、高い精度で着実・確実に遂行する力	チームとしての計画や段取りを柔軟・的確に調整する力
5）思考	論理追求力	論理伝達力（概念共有力）
概念、理論	論理的な思考・話し方・書き方を維持・遂行し、結論に導く力	思考や信念を、論理的にわかりやすく伝達し、共有する力
6）情報	情報追求力	情報伝達力
	新しい情報に対する強い関心を維持し、情報収集を遂行する力	情報をわかりやすくまとめ、効果的に伝える力
7）時間	効率追求力	効率調整力（チーム効率追求力）
効率、生産性	仕事のスピードや効率的な時間の使い方を追求する力	チームとしての効率化を追求し、チーム活動を調整する力

められるコンピテンシーを集めたものをコンピテンシーモデルと呼び、これをベースにして育成や評価など、人材マネジメント上、各場面において活用が図られます。

さて、コンピテンシーモデルを構築する際のベースとなるのが「28のコンピテンシー」ですが、この体系には備えていなければならない要件がいくつかあり、大きく三点に分けられます。

まず一点目が、「ビジネス上重要な点をすべて網羅している」ということです。当然のことですが、もし、その体系の中に重要な点での漏れがあった場合には、ある職務においてコンピテンシーを抽出する際、重要ポイントが抜け落ちてしまう可能性があり、そうした場合、モデルとして意味を成さなくなってしまいます。

二点目として、「細かさのレベルが一定である」という点が挙げられます。例えば、「協調性」という言葉と「環境適応力」「チーム成果志向性」「情報共有力」といった言葉は、近い点を指す言葉ですが、カバーする範囲がまったく異なります。同様に「リーダーシップ」という言葉と「対人影響力」「情報伝達力」「組織効率志向性」という言葉も、カバーする範囲はまったく異なります。つまり、「協調性」や「リーダーシップ」という言葉は意味が非常に広く、その中に様々な要素を含む、言わば、便利な言葉です。裏を返せば、その言葉だけでは、具体的に何を指しているのかがわかりづらい言葉とも言えます。一方、「環境適応力」や「対人影響力」等の言葉は、それらが指し示す範囲が絞られ、具体性を持っています。もし、これら両者が織り交ぜられて使用された場合には、互いに重複が起こり、また優先度等のポイントが絞りにくく、抽象的なものとなってしまいます。したがって、コンピテンシーといった場合、望ましくは、細かさのレベルが一定しており、前述のうちの、後者のような具体性を持った言葉に統一されるべきです。

三点目は、全体像を把握、記憶しやすいものであるかどうかです。人材像を示される社員から見て、コンピテンシーの全体像の中でどこに焦点が当たっているのか、ということが把握できないと、自分に求められているものが何なのか鮮明に理解し、記憶することができません。この点において、全体像を見渡すことができるマトリックスによる体系は優れていると言えますが、他の場合であっても、適切に階層化、構造化がなされているか等、全体像が見えるようになっているかどうかチェックする必要があります。

(2)「7つの分野」と「4つの次元」

これら三つの要件を満たすため、「28のコンピテンシー」は基本構造として、「7つの分野」と「4つの次元」を掛け合わせることで導かれています。

「7つの分野」とは、「ヒト・モノ・カネ・情報・時間」という経営資源から導き出されています。仕事上のすべてのアウトプットは何らかの経営資源をもとにもたらされることから、経

図2－3　4つの次元

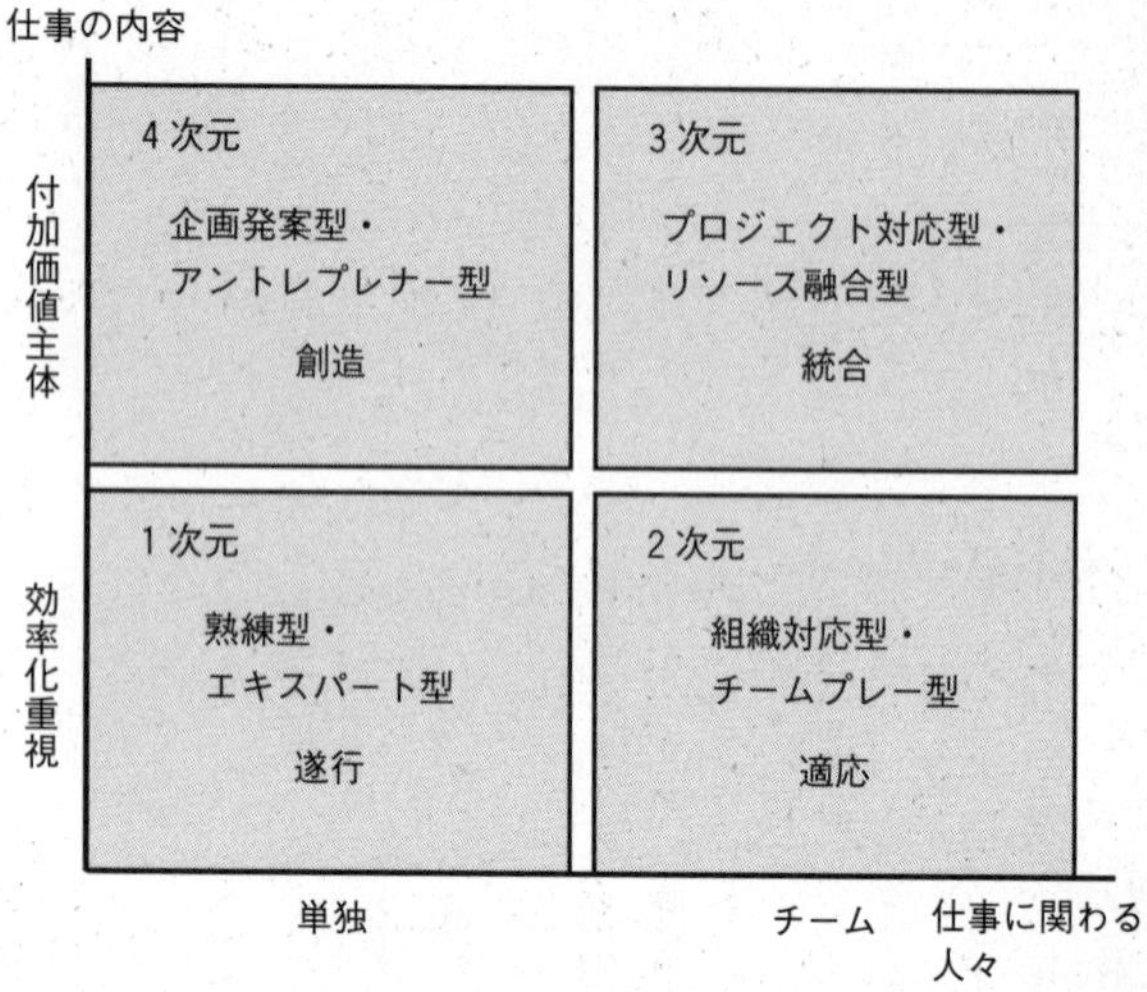

営資源から導き出された「7つの分野」に基づく「28のコンピテンシー」は、ビジネス上重要な点をすべて網羅していると言えます。

次に、「4つの次元」ですが、これは仕事のタイプ分けをするマトリックスです。例えば、「7つの分野」のうち、「情報の分野」が重要であるという場合にも、「複雑な情報をわかりやすく伝える」といったことが重要となる職務もあるでしょうし、あるいは、「雑多な情報を統合して活用する」ことが重要となる職務もあるでしょう。このように、仕事のタイプによって重要となる要素が異なるため、仕事のタイプ分けをする「4つの次元」を用い、「7つの分野」はそれぞれ四つずつにブレークダウンされます。「4つの次元」は、横軸で、仕事を遂行する際の人数、「単独で遂行する」のか、あるいは「複数（組織・チーム）で遂行する」のかの分類をし、縦軸で、「効率化重視（手段・方法は従来から決まっており、いかに効率的に実施するかが重要となる仕事）」か、あるいは「付加価値主体（方法・手段から自ら考え、新たな付加価値を生み出すような仕事）」かの分類をするものとなっています。

こうして、経営資源から導かれる「7つの分野」と、仕事のタイプ分けを行う「4つの次元」とを掛け合わせることによって導かれる「28のコンピテンシー」は、コンピテンシーモデルのベースとなる体系が備えているべき要件を満たすものとなっているのです。

コンピテンシーモデル構築にあたり、最初の難関は、モデル構築単位をどう決定するか、つまり、「個々のモデルがカバーする職務の範囲を、どの程度細分化するか」です。それは、その後の活用目的に拠ると言えます。例えば、最も小さな単位をとれば個々の職務ですが、人事部の中で言えば、採用担当や教育研修担当、福利厚生担当などがあり、営業部で言えば、扱っている商品別や担当している顧客別に分かれるでしょう。また、当然ながら、一担当者とマネジャーとでは別々の職務になります。このように、職務といった場合、組織を縦横に細かく割ったイメージになります。この場合、個々のコンピテンシーモデルは個々の職務と密着しているため、人材開発等、組織内で個々別々に活用する場面では、この単位が最も優れていると言えます。一方、評価等、広く公平性が保たれなければならない場面では、汎用性を重視せざるを得ません。このような場合、構築したモデルの汎用性は高まりますが、内容はどうしても抽象性が増すことになります。結果として、「効果性」と「公平性」、および「モデル構築およびメンテナンスの手間・コスト」等を勘案し、単位を決定することになります。

(3) モデル構築のポイント

活用の目的別にコンピテンシーモデル構築のポイントを簡単にまとめると次のようになります。

1. 人材育成の目的の場合は狭くても深く

この場合は、比較的細かな単位ごとに、望ましい人材像を徹底的に議論し、メリハリの利いたモデルを作ることに価値があります。時には、そもそもの戦略の確認から、役割の分類と定義、成果責任まで徹底的にディスカッションしたうえで、コンピテンシーモデルを作成します。

2. 評価が目的の場合はバランス重視で

この場合にもハイパフォーマーの行動特性を分析しますが、評価の対象範囲が広く、公平性の要請も強いことから汎用的な指標も参考にし、対象範囲のすべての職務で確実に評価可能な内容とします。

3. 配置・任用の基礎情報収集のためには広く浅く簡潔に

配置・任用のための基礎情報として、社員のコンピテンシー保有状況のデータベースを作る目的の場合には、行動指標については汎用的な指標を用いることで足ります。

さて、次に、「どのようにしてコンピテンシーモデルを構築していくのか」についてですが、既に述べたように「ハイパフォーマー分析」が基本となります。モデルを構築する単位ごとに、まずは高業績を定義し、その高業績を定常的に上げている現職者を数名選び出します。次に、それらのハイパフォーマーとその上司、同僚に協力してもらい、質問書やチェックリスト、インタビューを通してコンピテンシーモデルを構築します。

しかし、新たに作る職務などで現職者が存在しないという場合もありますので、その際の構築方法を一つ紹介しておきます。人材のベンチマークができない場合は、その仕事を熟知している方々の協力を得て、あるべき姿を描くことにより職務を定義し、そこへ向けてコンピテンシーモデルを構築することになります。具体的な手法としては、「業務プロセス分析」があります。ある職務を遂行するうえでのプロセスを描き、各プロセスにおける重要ポイント、望ましい行動、求められるコンピテンシーを整理します。次に、描いた業務プロセスの中で、その職務における高業績を上げるためのキーとなるプロセス、つまり、高業績者と他者との間で大きく差のつくプロセスをマークします。そこに記述されているコンピテンシーを中心にコンピテンシーモデルを構築するという方法です。

5　コンピテンシー発揮レベルの測定

以下はコンピテンシーの発揮レベルを捉える評価尺度の例です。

1. 明らかに見られない。周囲の者はほとんど認識していない。
2. 特に欠けてはいないが満足できる水準ではなく、しばしば失敗する。周囲の者はあまり認識していない。
3. 明らかに発揮されており、円滑に職務を遂行している。周囲の者にほぼ認識されている。
4. その行動特性が質的・量的に際立って発揮されている。その行動の望ましい結果が周囲の者に明確に認識されている。
5. その行動特性がすでに方法論化、仕組み化されており、他を寄せつけないほど圧倒的に際立っている。同じ職務に就いている他者と明らかにレベルが違う。周囲の者に、それによって明らかに好ましい影響を与えている。

これらの評価尺度で、それぞれの行動の発揮度合いを測定します。それぞれの行動がどの程度十分に、あるいは頻繁に見られたかによって測定されます。従来の職能評価のように、行動指標自体をレベル分けする方法も存在しますが、これは必ずしもコンピテンシーの評価として相応しい方法とは言えません。「高業績者から学び、高業績に結びつく有効な行動を身につける」というコンピテンシー本来の考え方からすると、敢えて低レベルの行動を示す必要性はないからです。望ましい行動がとれるようになればよいわけですから、設定された段階を踏んで順番にレベルアップを図っていく必要は必ずしもないのです。

また、コンピテンシー評価は、「相対評価」ではなく「絶対評価」を意図しています。すなわち、「他者と比べて」「全体の平均と比べて」という評価方法が「相対評価」であるとすれば、そのようなものではなく、記述している行動指標にある行動が、「明らかに見られる」「質的・量的に差別化された状態で見られる」「方法論化・仕組み化された状態で見られる」といった事実の有無に着目して評価することを意図しています。したがって、評価にあたっては、「見られる」「質的・量的に差別化されている」「方法論化・仕組み化されている」というのが、どの事実を指して言っているのかということが特定される必要があります。

6　コンピテンシーにぶつけられる疑問

(1)　職能との違いは何か

コンピテンシーにぶつけられる疑問として最も多いものはやはり、「職能との違いは何か？」という疑問ではないでしょうか。

これは、能力基準先進国ならではの疑問であって、欧米諸国ではありえない疑問と言えるでしょう。また、最近では、職能を呼び方だけコンピテンシーと変えたに過ぎないものなどもあり、非常に混乱を招きがちな状況にあります。

職能は多くの場合、個々の職務よりもむしろ、組織内の階層をベースに各階層に求められる能力をまとめたものであり、ゼネラリスト育成に効果を発揮するファクターとなっています。したがって、「責任感・積極性・協調性」や「判断力・交渉力・調整力」等、担当している仕事にかかわらず、ビジネスパーソンであれば当然持っていた方が良い、ゼネラルな要素です。

一方、コンピテンシーは、定義にもあるように、特定の職務において強く求められるファクターであり、職務と密接に関係しています。職能がゼネラリスト育成のためのファクターであるのに対し、コンピテンシーはプロフェッショナル育成のためのファクターと言うことができるでしょう。

しかし、本来の職能の定義、日経連が一九八〇年代に定義した、「職能とは、あくまで職務遂行能力のことで、職務と関係のない能力は除外される。職務遂行能力とは、当該企業が経営上必要とする職務の遂行を通じ発揮する能力のことである」という解釈からすると、確かに極めて近い概念のようです。では、この〝本来の〟職能と比較した場合、コンピテンシーとの違いはどこにあるのでしょうか。

この場合にも、要素抽出の視点が違うことによって、出てくる要素が異なります。その仕事に求められる資質を洗い出すうえでは、二通りの方法が考えられます。一つは、「仕事そのものを見て、その仕事に求められるものは」と考える方法です。この方法をとった場合に出てくるものは、必要とされる知識やテクニカルなスキルになります。つまり、「その仕事を滞りなく遂行するために必要な知識は、最低限持っていなければならないスキルは」という見方になり、職能はこれにあたります。もう一方は、その仕事を遂行する人との関係で洗い出す方法です。「どんな人がその仕事を効果的に遂行するのか、高い成果が上がるのか」を考える方法です。結局、高業績を上げている人の行動特性を見ることになりますが、これがコンピテンシー抽出のアプローチです。つまり、「職務を遂行する能力」と「高いレベルで遂行して結果を出す能力」とは異なるのです。コンピテンシーの職能との違いはここであり、「高業績を上げるためには」という視点が入る点が大きな違いです。そうした場合、抽出されるファクターは、知識やスキルではなく、より業績との関係性の強いファクターとなり、「氷山モデル」で言うところの、水面すれすれのソフトなスキルが抽出されることになります。

加えて、実在の高業績者を分析し、コンピテンシーおよび行動様式を抽出するというアプローチをとっているため、つくられたコンピテンシーモデルは、極めて現場感、臨場感のある実践的なものとなるという点もコンピテンシーの特質として挙げられます。さらにもう一点、コンピテンシーは戦略を反映しているという点があります。高業績者を特定するにあたって、まずは高業績の定義を行うことになります。その職務について、「どのような成果を期待するのか」を考えることになり、そこには必ず、その時々の企業の戦略が反映されるのです。

(2) 高業績パターンは一種類か

「コンピテンシーモデルは、各職種において一種類だけなのだろうか」という疑問も多く出されます。つまり、一つの仕事においても、高業績を上げるパターンは何種類もあって、コンピテンシーモデルも数種類存在するのでは、という疑問です。現実的な見地から出てくる、非常にもっともな疑問と言えます。確かに、実際に高い業績を上げている人たちは、すべて同じタイプの人たちかといえばそうではなく、いろいろなタイプが存在します。ですから、その種類の数だけ、コンピテンシーモデルが存在すると考えるのも無理からぬことです。

しかし、コンピテンシーの分析を数多く行ってきて思うことは、違ったタイプの人たちであっても、高業績者には共通性が多いということです。つまり、一般に言われる人の〝タイプ〟とコンピテンシーの分類とは別物ということです。人のタイプは、「氷山モデル」で言うところの、水面下の部分の性格などによって決まるものと考えられますが、一方、たとえそれが違っていたとしても、ある仕事で高い業績を上げようと思った場合に起こす行動は共通性が高くなるのです。もちろん、高業績者それぞれに特有の行動も見られますが、そういう点は直接的に高業績に結びついている点ではなく、共通に見られる点こそが、高業績に結びついている行動なのです。

コンピテンシーモデルの単位の広さにもよりますが、経験上から言うと、八割方同じ成果が期待されている仕事であれば、コンピテンシーモデルは一種類に絞ることができ、反対に、二種類、三種類となってしまう場合には、単位のとり方が本来のコンピテンシーモデル構築の単位からすると広すぎるのです。ただ、評価や採用で活用する場合に、敢えて単位を広くとる場合がありますが、その場合には、厳密には数種類存在するコンピテンシーの最大公約数をとるような形で集約することになります。これも同一職群内であれば十分可能なことです。

(3) 過去の成功例が役立つのか

「コンピテンシーは、過去の成功例から抽出するものだから、未来への成功要因とはなりえないのではないか」という疑問も、コンピテンシーに対する典型的な疑問の一つです。

まず、過去の成功体験を聞くのは、高業績者の行動特性を抽出するためであって、その経験をそのまま記述しようというものとは異なります。そしてまた、過去の成功原理は、それが真に価値あるものであるのならば未来の成功原理ともなるのです。ソニーが、人真似をせず大衆の喜ぶものを作るという行動特性を継承しながら、アナログ、デジタル、マルチメディア、と新しい技術領域・事業領域を開拓していったことは参考になります。

環境変化があった場合にも、高業績者の多くは、その変化に素早く適応し、その環境下においてもやはり高い業績を上げます。これは、高業績パターンが内部に仕組み化されているからです。また、高業績者は将来の変化を先取りしているからでもあります。そもそも、まだ到来していない未来に向けて実証された完璧な像が最初からあるはずはありません。今考えられるベストの人材を投入して試行錯誤を行っていく中から、ベンチマークすべき未来の高業績への雛型が生まれてくるのです。

そもそも、今後発生する新たな仕事のために人を育成していこうとする場合、他の方法はあるのだろうか、と考えてみれば、この方法がいかに妥当性が高いものであるかがわかります。

むしろ、新たな取り組みに対して、どのような適性が求められるかについては、コンピテンシーモデルこそが、正しい判断材料を提供しうるものと言えるのです。

(4)　人材の画一化につながらないか

典型的な疑問のもう一つは、「コンピテンシーモデルは、高業績者に学ぶ手法であるから、コンピテンシーに基づく人材育成とは、金太郎飴的な、同質的な人材を多数育てていくことになるのではないか、人材の多様性が益々求められる中で、時代に逆行する人材育成法ではないか」という疑問です。

コンピテンシーは、それぞれの仕事においてキーとなるファクター、言い換えれば、その仕事において高い業績を上げようとした場合に必須となる要素を捉えたものです。各人の個性は、「氷山モデル」で言うところの水面下に沈んでいる部分にあり、高業績のキーファクターをそろえたところで、各人の個性がなくなるわけでも、薄くなるわけでもありません。プロスポーツのチームをイメージするとわかりやすいと思います。それぞれの選手は皆、そのスポーツにおいて高いパフォーマンスを上げるうえで必要な資質、適性を保有していますが、個性豊かで、決して同質的、金太郎飴的ではありません。

似通った疑問として、高業績者ばかり集めても良いチームはできないのではないか、という類のチーム構成の議論もあります。しかし、野球チームを想定して考えてみた場合、九人全員がホームランバッターであっては強いチームにはなりませんが、一番から九番まで、それぞれのメンバーが、それぞれの役割において、優れた選手（高業績者）であった方が強いチームができるように、適性の問題と性格や個性の問題とは別問題なのです。

(5) コンピテンシーは本当に日本企業で導入し易いのか

最後に、コンピテンシーの導入に積極的な、コンピテンシー推進論者の意見として、「コンピテンシーは能力要素であるから、米国よりもむしろ日本での方が普及し易いのではないだろうか」というものがあります。

コンピテンシーは能力要素ということで、従来の職能と共通性があるため、コンピテンシーモデルはむしろ日本企業にフィットする、つまり米国企業よりも日本企業の方が導入がし易い手法であるという話も時々耳にします。果たして、これは本当でしょうか。確かに、一面では正しいとも言えます。しかし、この楽観論には大きく漏れている観点があることも事実です。

コンピテンシーモデルを作るには、まず、職務の内容が明確であることが大前提となります。多くの日本企業に見られるように、同じポジションでも、そこに就く人によって仕事内容が大きく変わったり、さらには誰が何をやっているのかよくわからないというような組織では、コンピテンシーモデルを構築することは難しいと言わざるを得ません。逆に、ジョブディスクリプションが完備している米国企業では、コンピテンシーモデルが作り易いということになります。

次に、運用の段階では、人を評価するというプロセスに慣れているということで日本企業にアドバンテージがありますが、慣れているがゆえの陥り易い罠もあります。これまでの職能資格制度のもとでの職能の評価では、多くの場合、要件や基準にはさほど忠実ではなく、主観で評価するということが多く行われてきました。したがって、コンピテンシーを導入した場合にも、人を評価するということで、同じように捉え、これまでと同等のメンタリティーで運用した場合には、やはり同じような効果しか見込めないということになります。仕組みをより客観的なものへ改革することは重要ですが、同時に評価をする側の認識、メンタリティーの変革も欠かせません。

このように、「能力評価に慣れているから」というだけでは、コンピテンシーが導入し易く、普及が進み易いとは一概には言えず、陥り易い罠にはまらないように手を打ちつつ、抵抗なく導入できるというアドバンテージを生かせるような導入の仕方が求められます。

7　コンピテンシーモデル構築に関する実践Q&A

Q．ハイパフォーマーとして、どのような人を選べばよいのでしょうか？

A．ハイパフォーマーとは、すべての面で優れた人ではありません。成果責任に合致した、高い業績を上げている人です。スーパーマンとは異なります。必ずしも、人格的にも優れている人ばかりではありません。極端な場合、組織の中で周囲の皆から嫌われているような人物であるケースも実際にはあります。ただし、そういう人であっても、高業績に結びつく行動をとっているから高業績が上がっているわけで、その仕事における「キーとなる行動」を抽出するうえでは、調査対象となり得るのです。

逆に言えば、どんなに人格者で、周囲の皆から信頼されていても、その仕事において高い業績が上がっていない場合には、その人を選んでしまった場合、サンプリングエラーとなってしまいます。ただし、業績の評価とは異なり、昇進アセスメントの際などには、チームワーク等を勘案し、このような点を見ることも必要となります。ただ、コンピテンシーの抽出にあたっては、目的は唯一、高業績に結びつく行動特性を抽出することの一点にあるので、高業績が継続的に上がっている、という以外の点は考慮に入れる必要はありません。

Q. コンピテンシーはハイパフォーマーを分析する手法をとりますが、ハイパフォーマーがいない組織においては、どのようにして抽出することができるのでしょうか？

A. コンピテンシーモデルの構築にあたり、高業績の定義をして、次に高業績者選定の段になって、「残念ながら、うちの会社には、この定義に見合う高業績者は見当たりません」というケースがたまにあります。こういう場合、「高業績者がいない」と担当者が言ったとしても、実際にはいるに違いないのです。その事業が存続し、発展していることが何よりの証拠です。業績を引っ張っている者が存在しないような状態で、事業が存続することはあり得ないからです。逆に、一割の高業績者もいないような事業的方向性であれば、やめた方が良い可能性が高いと言えます。成功要因に関して遺伝子を持っていない事業に同じ陣容で進出することは現実的ではないからです。そのような場合、欧米企業であれば会社を買って遺伝子を取り込むということをするに違いありません。

Q. 高業績者だけではなく、平均的業績者も合わせて分析するのはなぜでしょうか？

A. ハイパフォーマーを分析することで、高業績に結びつく行動特性を把握できますが、加えて平均的業績者も一緒に分析することで、その二グループ間の違い、という見方ができるようになるからです。ハイパフォーマーであるAさん、Bさん、Cさんの行動の共通点を見出した場合、それがその仕事におけるキーとなる行動である可能性は高いのですが、それらのうちのある部分については、ハイパフォーマー以外の人も共通に行っている可能性もあります。それらを削ぎ落とし、高業績に直接的に結びついている行動のみを取り出すうえで、平均的業績者グループも併せて分析することに意味があるのです。

「だったら、低業績者との違いを見た方が、違いが見やすいのではないだろうか」という意見もあるかと思いますが、低業績者の場合、その仕事をきちんと理解していなかったり、何らかの理由でその仕事において最低限必要な行動もとることができていないケースが多く、結果として、ハイパフォーマーの行動特性との重複は極めて少なく、キーとなる行動を抽出するうえでの比較対象として役に立たないのです。

Q. 個別インタビュー形式以外の方法で構築する方法はありますか？

A. 三名から六名くらいのセッション形式で行うことがあります。これにはメリットとデメリットの両方があります。いずれも、数名で話し合うことから出てくるものです。「ブレーンストーミング的な効果が出て、より多くの情報を入手できる点」、また、「参加者の人たちの間でコンピテンシーの概念について共有できる点」がメリットとなります。一方、「より具体的なエピソードを率直に、じっくりと語ってもらうには相応しくない場である点」、および、「時には集団心理が働いて、偏った意見に終始してしまう可能性がある点」がデメリットとなります。

Q. 書面の調査のみで簡便に作る方法はないでしょうか？

A. アンケート方式で作る方法も、極めて簡便な方法として、ないわけではありません。マーサー社では、インタビューを行う前段階の準備として、アンケート調査を行います。アンケートには、各コンピテンシーごとに三つずつの代表的な行動例が羅列してあり、その中から、高業績者に特徴的に見られると思われるものを一定数チェックします。これらを集計することにより、ある程度、コンピテンシーが特定されます。

この段階でのコンピテンシーモデルの完成率はと言うと、その時々によって、大きな違いがあること自体問題でもありますが、おおよそ五割から七割程度と言えるでしょう。ただ、これをもとに仮説を立ててインタビューに入ることで、効率的なインタビューが可能となるために行っているものです。

ではなぜ、五割から七割程度に留まるのかと言えば、まず一つには、高業績者に特徴的な行動といっても、周囲の人、または本人でさえも、それほど明確には意識していないことが多いという点があります。それほど明確に意識できていれば、その人はすでにコンピテンシーモデルを確立していることになるとも言えます。また、限られた数の質問項目の中から選ぶため、どうしても誤謬が発生してしまう点、さらには、アンケートは、一つの質問項目にいくつもの要素を入れないよう、短いセンテンスで作ってあるため、ある項目をチェックしたとしても、本当は違った意味でそれにチェックしていたということも実際には多くある点、などが主な理由として挙げられます。

したがって、書面調査のみでコンピテンシーモデルを構築することは、その精度からして無理がありますが、少なくとも「たたき台」を作ることはできますので、それをもとにディスカッションを行い、完成させる等の方法は考えられるでしょう。

Q. 構築したコンピテンシーモデルの検証はどのようにすればよいのでしょうか？

A. モデルを検証する方法として、通常は、調査に協力してもらったハイパフォーマーの方々や、その上司の方々に確認をしてもらいます。が、より完璧を期すのであれば、出来上がったモデルで、ハイパフォーマーグループ数人と平均的業績者グループ数人とを評価してみることです。その結果、明らかな違い、有意な差が見られれば、その妥当性が高いと言えるでしょう。

また、コンサルティング会社などが保有するデータベースにある、同様の職種のモデルと比較し、違いが出ている点について合理的な説明がつくかどうかを確認していくことも一つの方法です。このようなベンチマーク比較をしない場合にも、特定したコンピテンシーを用いて、その仕事の重要な点をすべて語り尽くせるかどうかを確認してみることは有効なことです。

Ⅲ　ハイパフォーマーとはどのような人か

●ある仕事においてコンスタントに高い業績を上げている人を「ハイパフォーマー」と言います。ハイパフォーマーのコンピテンシーモデルは職種によって異なりますが、すべてに共通する点もいくつかあります。

●最初からハイパフォーマーという人はいません。ある経験がきっかけになって、一定期間の試行錯誤の末、ハイパフォーマンス・パターンが確立し、高業績がコンスタントに上がるようになるのです。

●ハイパフォーマーであるためには、高業績を上げるためのコンピテンシーと、それを維持するためのコンピテンシーの両方が必要となります。

●本章では、コンピテンシーの理解を深めるために、コンピテンシーを引き出す源泉であるハイパフォーマーに焦点を当て、その実態を見ていきます。

1　ハイパフォーマーに共通に見られる特徴点

そもそも、〝できる人〟、ハイパフォーマーとはどのような人たちなのでしょう。この章では、コンピテンシーへの理解を実際のケースを通して確認頂く目的で、コンピテンシーを導き出す源泉である、ハイパフォーマーの実態に迫りたいと思います。

コンピテンシーというコンセプト、コンピテンシーモデルという手法は、ハイパフォーマーの特質を抽出するものです。そのハイパフォーマーが、どのようにしてハイパフォーマーとなり、どのようにしてそれを維持、継続しているのか、そして、どんな点がコンスタントな高業績に結びついているのか、について見ていきたいと思います。

(1)　無駄なことをしない

まず、ハイパフォーマーとは、「その仕事において、コンスタントに高い業績を上げている人」と定義されますが、果たしてこれらの人たち全般に共通した特徴というのはあるのでしょうか。すべてが共通していて一つにくくれるわけではないので、コンピテンシーモデルは職種別に存在するわけですが、まったく共通点がないとも思えません。これまで、あらゆる業種の、あらゆる職種のハイパフォーマー数百人をインタビューしてきた経験から、彼らに共通した特徴を抽出してみると、少なくとも、以下の三点が挙げられそうです。

まず一点目は、「無駄なことをしない」ということが挙げられます。成果に結びつくことだけに、自分の時間のほとんどを使っているということです。なぜそれができるのかと言えば、何が無駄で、何が無駄でないかをよく理解しているからです。

常に成果に目が向いているがゆえに、この仕事で成果を上げるうえで、「重要なことと、重要でないこと」を理解しているのです。

一方、ハイパフォーマーでない人はどうかと言えば、同じように懸命に働いていても、成果に結びつかないことに多くの時間を費やしており、重要な二割がおろそかになっているということが多いのです。使える総時間は、ハイパフォーマーもそうでない人もほとんど変わりありません。その限られた時間をどう使うかの違いによって、業績に大きな格差が生じているのです。

例えば、無駄なことをしない例の一つとして、ハイパフォーマーと言われる人たちは、「どういう時には、どうする」ということが具体的に決まっている人が多いようです。つまり、その仕事において頻繁に直面するような困難な状況に対しては、自分はどう対処するかということを、ある種、パターン化して決めているのです。その都度迷って試行錯誤するということがないため、無駄な時間を費やすこともなく、何度もやっているので確信を持って行うことができ、比較的スムーズに難局を乗り切ることができるのです。

仕事におけるスランプなどは、誰もがしばしば直面する難局の一つですが、多くのハイパフォーマーは、スランプ時にどう処するかということが具体的に決まっています。「スランプは、そもそもは自分の責任だから、怠けずに当然やるべきことをやるようにするということです」「これと言って特別な手は打ちませんが、普段通りの行動を確実に行うことに徹しています」などが多く見られる回答です。

特徴的なところでは、住宅メーカーの営業をしている、あるハイパフォーマーの人は、本格的なスランプに陥ったときには、古いお客さんを何軒か回るようにしていると言います。以前、自分が駆け出しの頃に契約してくれたお客さんを回って話をすることで、初心に返るということもあるそうですし、お客さんの方としては、いつまでも忘れずに気にかけてくれていることに感謝して歓待をしてくれて、場合によっては知り合いの人を紹介してくれたりすることもあるのだそうです。紹介までは得られなくても、元気をもらって行動に張りを取り戻し、スランプ脱出のきっかけがつかめると言うのです。

このように、比較的頻繁に直面するある状況に対しては、自分はこう行動するということが、ほぼパターン化されている例が多く見られます。

(2) 強い使命感を持っている

次に、共通する二点目として、ハイパフォーマーは例外なく、自分の仕事について強い使命感を持っているという点が挙げられます。これがない限り、一時の業績は上がっても、それを継続することはできないのでしょう。強い使命感があって初めて、高い業績を継続でき、ハイパフォーマーとなることができるのです。

ただ、その仕事に就いた当初から強い使命感を持っていた、という人は実はそれほど多くなく、その仕事で高い業績が上がり、その仕事が好きになるにしたがって、使命感を持つようになったというケースの方が多いようです。つまり、高業績が上がり、使命感を強く持つようになり、それによってさらに高業績が上がりやすくなる、という好循環、正のスパイラルに入っているということでしょう。

使命感の有無については、インタビューの中の到るところでわかりますが、例えば、「この仕事はどんな仕事ですか?」と、わざと捉えどころのない質問をしてみます。すると、多くの方々は、すぐには答えられません。しかし、ハイパフォーマーの場合、その多くは、待ってましたとばかりに持論を展開し始めるのです。

先に挙げたMRの例もそれを示す一つです。「この仕事はどんな仕事ですか?」という質問に、仕事の辛さや難しさばかりを挙げた平均的パフォーマーに対し、ハイパフォーマーの多くは、「我々は、医薬品に関するドクターのパートナーです」と答えたのです。

(3) 先々の結果にまで目が向いている

さて、三点目ですが、ハイパフォーマーは皆一様に、中長期的な視点を持っています。短期的に業績を上げることに対しても、もちろん目は向いているのですが、同時に、先々の業績にも目が向いているのです。これも継続性という点に大きく関わることであり、これがないと高い業績を維持することはできません。ハイパフォーマーたちは、この視点を持っているため、今現在行っていることの内容が、他の人たちとは少しずつ違っているのです。今やっていることの対処に追われているだけではなく、先を見て、今やっていることとの位置づけを明確にしているため、行動そのものや、行動の力点が異なってくるのです。つまり、多くの人は、仕事のプロセスのみに目が向きがちですが、ハイパフォーマーは、常にその結果、しかも先々の結果にまで目が向いているという点が、大きな違いです。

一つの例として、人事制度改革を進める際の人事マネジャーの対応にも、この点を見てとることができます。有能な人事マネジャーは必ず、各ステップにおいて、社内各部署のキーマンに内容を伝え、意見を聞いています。これは、その都度いろいろな抵抗や反対意見があり、結構な労力を要します。急いで短期間で進めようと思えば、ある程度出来上がってから、一度にコミュニケーションを図った方が早いことは早いのです。しかし、そういう人たちは、すべて出来上がった後に、大きな抵抗にあった場合、後戻りもできないし、完全に頓挫してしまうということをよく知っているのです。

時間と労力は要しますが、一つ一つクリアし、組織の隅々にまで改革の意図や方向性が浸透していれば、出来上がった時にはスムーズに導入ができ、定着も早くなるのです。できる人事マネジャーは、その最終段階のことを念頭に置き、プロセスを丁寧に進めるわけです。

以上、ハイパフォーマーに共通する特質について見てきましたが、実際の組織の中では、これらとは逆のケースの方が多く見受けられます。

比較的よく見られるケースとしては、一見、たいへん優秀そうに見え、そのプロセスでやっていることも、すべてもっともなことのように思われるにもかかわらず、結果を見てみると、あまり芳しくない、ごく平均的であるというケースです。一見したところ、非常によくやっているため、いかにも大きな成果が期待できそうに思えるのですが、実際にはそうはならないのです。なぜなら、成果が見えていないからです。成果が見えていないがゆえに、行動のポイントが押さえられていないのです。プロセスを見ると、一生懸命やっていても、結果に結びつかない無駄なことに多くの時間を割いてしまったり、使命感を持たずにやっていたり、または、中長期の視点がなく今現在やっていることに埋没してしまっているのです。

この違いは大きく、仮に一〇〇人の組織の場合、その競争力を支えているハイパフォーマーは、だいたい五人から一〇人程度です。これが仮に、二〇人、三〇人になれば、競合他社を完全に圧倒することができるでしょう。逆に、一〇人採用して、そういう組織を引っ張る人がゼロだったとしたら、これはもう致命傷になります。したがって、企業としては、いかにしてそういう資質を持った人材を見つけてくるか、見極められるかが、組織の競争力を考えるうえで、極めて重要になるのです。

さて、この章では、具体的に二人のハイパフォーマーを例として挙げて説明します。上述したような、ハイパフォーマー固有の特質を高いレベルで保有している人を二人選定しました。

まず一人目は、西田俊夫さん（四〇歳）。外資系生命保険会社のライフプランナーです。

この六年間続けて、毎年社内表彰に輝いているほどの安定したハイパフォーマーです。生命保険の営業職で高い成績を上げている人たちで構成される業界団体、MDRTでも毎年表彰されています。最大瞬間風速的にある時期だけ、極めて高い業績が上がるということは、諸々の望ましい条件が揃った結果として、ままそういうこともあるでしょう。しかし、それだけでは西田さんのような業績には到りません。偶然ではなく、確立された確たる何かがなければ不可能なことです。彼の場合、極めて安定的に毎月の契約を積み重ねているのです。

西田さんは、一日二アポ以上のペースを固く守っており、年間で会う人の総数は八〇〇人にも達すると言います。契約をとれるか否かは別問題として、日々多くの人たちと会い続けるということ自体が、すでに西田さんのモチベーションとなっているようです。「アポとりの電話をするのは辛いけど、毎日毎日、いろんな人に会えるのは、このうえなく楽しいことです」と西田さんは言います。

もう一名のハイパフォーマーは、事務機器メーカーで広報部の主任を務める、小林美智子さん（三八歳）です。小林さんは、次のような社内経歴をたどっています。入社後、最初の五年間は秘書室に勤務し、その後、出産のため二年間休職した後、希望して営業の職で復職しました。その後、第二子出産で再び休職し、次の復職で広報部に配属されたのです。広報部に配属されてから三年目になります。

一つの物事を突っ込んでやりたい性格である小林さんは、二回目の復職でも、本来は営業の職を希望していたと言います。その時点での希望は通らず、広報部に配属になり、広報のように「広く浅く」というような類の仕事は自分には向いていないのではないか、と当初は思っていたそうです。しかし、配属後一年足らずで見る見る実績を上げるようになり、現在では、担当の記者からも、社内各部署のキーマンからも絶大な信頼を得ており、インパクトのあるニュースリリースを立て続けに成功させ、同社の企業イメージ作りに大きく貢献しているのです。

2　ハイパフォーマーの作られ方

(1) 最初からハイパフォーマーというわけではない

もちろん、一つのきっかけだけで即高業績が上がるようになるわけではありませんが、きっかけがなければ高業績が上がるようにはならないことも、また確かです。

これまでお会いしてきた数多くのハイパフォーマーの方々も、ヘッドハンティングで引き抜かれたケースを除けば、入社当初からハイパフォーマーだったという人は、当然ではありますが、誰一人としておりません。ただ、入社三、四カ月間くらいのごく短期間で、ハイパフォーマーの仲間入りをした人はいるようです。ハイパフォーマーになるまでの期間の、長短の差はありますが、多くのハイパフォーマーは、何らかの経験をきっかけとしています。一つの経験である場合もあれば、いくつかの経験が重なっての場合もあります。それらのきっかけの後、一定期間の試行錯誤があり、その結果、高業績が上がるようになり、それを自らに仕組み化することに成功し、維持しているのです。

したがって、厳密に言えば、高業績を上げるために必要なコンピテンシーと、それを維持するために必要なコンピテンシーとは異なり、この両方が高いレベルで備わらなければ、ハイパフォーマーにはなれません。

(2) ハイパフォーマーとなるきっかけ

まずは先の例をもとに、各々、いかにしてハイパフォーマーとなったのかについて見てみたいと思います。

研究開発マネジャーの杉田さんの場合、もともとマネジャーに求められるコンピテンシーが強かったということが、まずあります。いろいろな人の話を聞くのが好きであったり、他者に対する感受性の強さなどもそうです。もう一点は、マネジャーになった時に、「役割が変わった」ということを明確に認識し、その立場に期待されている成果を上げるためにはどうしたらよいかと考え、一研究開発担当者の時とは異なる行動パターンをとるようにしたことです。例えば、暇さえあれば製造現場に足を運んでは話をしたり、部門長と話をする機会を作っては、経営の意図を理解することに努めたり、といった行動です。これらの行動は、一担当者の時にはほとんどしていなかった行動だそうです。

一方の橋本さんですが、成功を収めていた以前のやり方をそのまま踏襲していたため、残念ながら、マネジャーとなってからは、高い業績は上がりませんでした。これまで、一担当者の時にはそのやり方を通してきて、高い業績が上がってきたという成功体験があったため、ひたすら、そのやり方を続けていたのです。結局、成果ではなくプロセスに目が向いていたがために、「期待される成果が変わった」ということを強く認識することなく、マネジャーになる前と同様の行動を繰り返してしまった結果でした。

次に自動車ディーラーの例で見てみると、ベンツの永島さんの場合、まだ高業績が上がらなかった頃、先輩社員が顧客と電話で話しているのを聞いていて、はたと気づくことがあったと言います。それまでの永島さんは、とにかくお客様最優先で、お客様のどんなわがままでも、全力を尽くして対応していました。その結果、数人のお客様に振り回され、多くの時間をその既納客への対応に費やしていたのです。先輩社員の電話での会話にヒントを得て以来、永島さんは、顧客の機嫌を損ねないように注意しながらも、自分の方で主導権を握って活動する方法を試行錯誤し、数カ月間の後、自分なりの行動の型、特に顧客に対する接し方が確立し、それが好循環を生み出し、高業績が上がるようになったと言います。

さて、ライフプランナーの西田さんの場合ですが、何をきっかけとし、何に着目し、何を変えていったのでしょう。西田さんの経歴はこうです。大学を卒業して、不動産会社に就職し、商業ビル開発に関するプロジェクトを担当し、用地買収や企画開発、販売計画などに携わっていく中で、金融に関する知識やセンスといったものの重要性に気づき、金融関係の仕事に興味を持つようになったのです。そして、その頃、中途採用をするようになっていた、国内生命保険会社に転職しました。

しかし、入社してみて、その仕事の内容は、西田さんいわく、「想像を絶する」ものであったと言います。マイホームに次いで生涯の中で大きな買い物であるにもかかわらず、加入している保険の内容を顧客が理解していないばかりか、それを売っている側でさえ、きちんと理解していない状況が普通にあったそうです。ただ、精神論的に、「頑張れば売れる、売れないのは頑張りが足りないからだ」という論理のみが、社内で幅を利かせていたと言います。その結果、会社が売りたい商品を、あたかも、そのお客様に最もフィットした保険であるかのように勧め、しかも売っておしまい、というような無責任が横行していたと、西田さんはその当時を振り返ります。「保険はそんな商品ではないはず」との思いを抱きながら、砂をかむような思いで仕事を続け、一年半が過ぎた時に、とうとう精神的に限界に達したと言います。

「一人一人のお客様ときちんと向き合いたい」、そして何よりも、「自分を信用して契約してくれた方々に対して最後まで責任を持ちたい」という強い思いを持って、外資系のライフプランナーへの転職を果たしたのです。西田さんの場合、このように、国内生保での苦い経験の数々が、その後の、実績の原動力となっています。そして、この姿勢こそが、ライフプランナーとして保持すべき基本姿勢であり、西田さんの場合は、逆の経験を通してしっかりと認識されているため、この点が揺るぎないものとなっている点が最大の強みと言えます。「教えて認識するのと、経験を通して認識するのとでは、実際の行動には雲泥の差が出る」と営業所長も言います。

こういう強みをすでに持って転職してきた西田さんですが、最初から業績が順調だったわけではありません。お客様一人一人と向き合うようになったものの、相手のライフプランというロングレンジの相談にのるということと、それを二、三週間という短いスパンで成約に持ち込むということとのギャップに悩み続ける日々が、入社後数カ月間続きました。ギャップを感じたままのセールス活動では、転職前と何も変わらないじゃないか、と自分の不甲斐なさを恨んだ日々もあったと言います。

もうこれ以上、同じことは繰り返せないと腹をくくり、ギャップのないやり方を考え続けた末、自分の強みは不動産に関わるトータルプランだとの結論に達し、税理士や会計士の人たちとのネットワークを作り始めました。一緒に勉強会やセミナー、または中小企業経営者を対象とした経営相談会などを行うようになりました。そういう中で一度に多くの人たちと会うことができ、その人たちからの紹介もあり、見込み客数が飛躍的に拡大したのです。見込み客を豊富に抱えることで、話し始めてから契約までの期間も一カ月程度かけられるサイクルを組むことが可能になり、当初のギャップもやがて解消しました。この独自のスタイルを確立してからというもの、西田さんは、小さな波はあるものの、スランプらしいスランプもなく、快進撃を続けています。

次に、広報部主任の小林さんのケースですが、彼女の場合の実績が上がるようになった理由としては、課長の下について半年間みっちり学ばせてもらったことが最も大きかった、と言います。どのようにして、記者のニーズを把握し、一方では社内の適任者を選び出し、それらをマッチングさせるか、または、こちらから仕掛けていくネタをどうやって探し、社内を説得しつつニュースリリースに結びつけるか、こういったことを目の当たりに学ぶことができたことが大きかったと言います。ただし、目の当たりに学ぶことはできても、それをそのままできるわけではもちろんなく、多くの試行錯誤があったようです。例えば、雑多な情報をまとめるために必要とされる「論理統合力（論理構成力）」が弱いことなどに相当なプレッシャーを感じつつ、他者の力を借りながら、どうにかこうにかやってきたそうです。

一方、指導役の課長に小林さんについて話を聞いたところ、「小林は非常に器用なタイプ、いわゆる勘のいいタイプで、たいていのことは見様見真似で同じようにできてしまうのです。しかも、何度かのトライアンドエラーの末というよりも、本当に最初にやった時から、だいたいはそれらしくできます。よほどポイントの押さえ方がうまいのだろうと思います」とのことでした。そしてまた、先輩格の主任も、彼女についてほぼ同様のことを言っていました。周囲のこのようなコメントからすると、おそらくは、外側から見るとそのように見えてしまうくらい、安定的に着実に仕事をこなしているということなのでしょう。だからこそ、記者の人たちや各部署のキーマンの信頼も得られているのではないでしょうか。

課長から学び取ったことで、最も大きかった点は、「人間関係作り」だそうです。「なぜ、課長はいつも、記者のニーズとこちらから出す情報を適切にマッチングさせることができるのか」と考えた時、記者との人間関係もできており、社内各部署のキーマンとの人間関係も押さえているからだということに気づいたのです。まずはそこから始める必要があると思い、社内外の人間関係作りを始めたのだそうです。

意外なことに、社内の関係作りの方がはるかに難しかったと言います。記者との関係作りは、基本的にギブ・アンド・テイクがきっちりできてさえいればＯＫなのだそうですが、社内では、その部署、その人によって様々な考え方の人がいて、極端な場合、「取材なんか受けている暇があったらもっと稼げ」と公言する部門長もいたそうです。そういう状況の中でも、めげずに何度も現場に足を運び、同業他社の記事などを示して広報活動の意味を伝えたそうです。

小林さんは、休職期間が開けて広報部に配属になった時に、ちょうど主任を務めていた人が他部署に配置換えになる代わりとして配属されたのだそうです。その人も女性でしたが、引き継ぎの時に小林さんに、「図々しくないとダメなのよ、図々しくないと。会社のイメージがかかってるんだから」と何度か言っていたのだそうです。

その時は小林さんはなんとなくわかったような気がして聞き流していたそうですが、あとから考えてみると、あれはいったい何のことを言っていたのだろうかと思い、なぜか気になって、その言葉をずっと心に留めておいたそうです。そして今、あれは、各部署のキーマンとの人間関係作りについて言っていたんだ、と合点がいって、その言葉が後押しになり、いい意味で図々しさを発揮し、現場に入り込めているようです。

当初は向いていないと本人が思っていた仕事でしたが、今では、それこそ広く浅くの雑多な情報のシャワーを日々浴びているのが心地よく、逆に浴びていないと不安になるというほど、この仕事に心身ともに馴染んでいるようです。

3　ハイパフォーマーの実態をコンピテンシーで解明する

西田さんに特徴的に強いコンピテンシーを、それがうかがえる彼の過去の行動と合わせて、以下に示していきます。もちろん、ここに示すコンピテンシーは、ライフプランナーのコンピテンシーモデルに含まれるいくつかであることも、他の調査結果から確認できています。

「対人協調力（対人感受性）」

・「話を聞いているうちに、そのお客様は過去のある出来事から、保険について非常にネガティブな印象を持っているということがわかったので、最初数回の面談では、保険そのものの話は敢えてせず、その人の人生設計や現状での生活面での不安などについて、話を聞くようにしました」

・「そのお客様はあまり多くを話されない人でしたが、よく耳を傾けて聞いていると、話される中には、その方のお金に対するセンスというか、どんなことに重きを置いているかを示す、多くのキーワードがあったのです」

「情報伝達力」

・「そもそも保険に対して懐疑的であったそのお客様に、保険の意味を十分にご理解頂くために、実際の例として、私自身の人生プランと、自分で加入している保険について一通り説明したのです」

・「パソコンでグラフを示すと、そのお客様は、何か難しい数学的な説明をされるようにでも思ったのか、それまでの会話の時とは違って堅く身構えてしまったので、私はパソコンを閉じ、手書きで何枚かの絵を描いて、順番に説明をすることにしました」

「対人追求力（対人関係構築力）」

・「そのお客様は紹介者の顔を立てて、保険に入ることを前提に話を聞いてくれていましたが、保険について必ずしも肯定的には考えていないということがわかったので、次に会った時も、契約の話に進めることはせずに、もう一度、保険について勉強をしてもらったのです」

・「中小企業のオーナー経営者である、そのお客様は、新しい在庫管理システムを導入するために情報を求めておられたので、システム関係のお仕事をされているお客様などから情報を集め、予算を大幅に縮小できる方法をご紹介しました」

「自己統制力」

・「その時期は気分的にも相当にめげており、アポとりの電話などはしばらく休みたいとも思いましたが、そういった、この仕事の基本行動をやめてしまったら、どんどん易きに流れてしまうに違いないと感じ、それだけはただひたすら続けたのです」

・「非常に良好な関係を築いていた、そのお客様に対しては、『どなたかお知り合いの方をご紹介ください』と言うのがためらわれ、なかなか言い出しにくかったのですが、それ自体、自分の仕事の一部であることを思い起こし、きちんと伝えたのです。結果、我々の関係にはまったく影響はなく、むしろ、ご紹介された方を通してさらに関係が密になったと言ってもいいくらいです」

次に、広報主任の小林さんに特徴的に強いコンピテンシーのいくつかと、それがうかがえる彼女の過去の行動を以下に示します。これらについても、他の広報マネジャーの調査を通して、広報マネジャーのコンピテンシーモデルに含まれる要素であることが確認できています。

「論理追求力」

・「その取材内容については、私自身もまったく知らない技術で、担当者から話を聞いても容易には理解できませんでした。自分で理解できないようなことを記者が聞いてもやはり理解できないに違いないと思い、取材日までの間、その担当者を捕まえては執拗に、自分で説明できるくらいまで何度も聞いたのです」

・「開発者でもあるその技術者は、その製品について特別な思いを持っていました。それだけに、取材依頼に対しても熱心に応じてくれましたが、技術的な思いが強すぎるせいか、どうも一般にはうまく伝わらないような説明であったため、私の方で説明内容をまとめ直し、それをもとに本人との意見交換を何度か繰り返すことで、取材内容をまとめました」

「対人協調力（対人感受性）」

・「その取材では、堅くなった担当者が、事前の打ち合わせと全然違う話を、よくわからない数式を持ち出して説明し始めてしまい、せっかちなその記者はイライラし始めていました。私は、事前に準備していたスライドを使って途中まで自分で説明をし、その後、その担当者に私が質問をする形で取材を進めたのです」

・「最初に記者から問い合わせを受けた時は、自社にとってはすでに古く、あまり面白みのない情報だと思いましたが、メディアからの質問は社会の関心事を反映していると思ったので、なぜ、今そういうことが関心事になりえるのか、外側の視点から考え直してみたのです」

「対人統合力」

・「その時点では、まだ対外的な発表は時期尚早との意見が社内では強かったのです。私は、関連記事を小出しにし、それらの記事を社内関連部署にフィードバックし、下地作りを進め、取材を受けるまでには、社内の肯定的な認識を作ることができたのです。また、記事が出た後も、記事のクリッピングを持参して話をし、『次もこれでいきましょう』という確認をしました」

・「言わば社内では当たり前になっているような技術だったので、それが今の時流に合っていて、こういう方向で世の中に情報発信をすることができるということを事業部に伝えるため、他の関連する記事や、世の中のＩＴ動向の資料なども提供し、また、広報活動の意味なども伝えながら、説得をしました」

「情報統合力」

・「その時のニュースリリースは確かにインパクトのあるものになりました。しかし、実を言うと、非常にインパクトのあった最近のニュースリリースを、まったく違った業種のものでも、取りあえず集めてみたところ、そこから発信のある型を見出すことができ、それと同じ型で発信できそうな情報を社内で探してみた、ということから始まったものなのです」

・「その取材の時は、自分の中で明確なイメージができていましたので、それへ向けて必要な情報を各部署から集めました。それらのそれぞれ断片的な情報を統合し、漏れている点について再度情報を得て補完し、完成させました」

このように、コンピテンシーは、ハイパフォーマーの過去の行動から抽出されます。同じ仕事をしている他のハイパフォーマーにも同様な行動特性が見られる場合、それらの行動がその仕事における高い業績に結びついていると判断することができます。そして、それらの行動をファクターとしてくくったものがコンピテンシーとなります。

西田さんも、小林さんも、それぞれ必要な場面において、以上のような行動特性を発揮し、それがコンスタントな高業績に結びついているのです。逆に、同じ仕事をしていて高い業績の上がっていない人たちは、一生懸命に仕事に取り組んではいても、これらの結果に結びつく有効な行動がとれていないため、高業績は上がらないのです。

評価や育成などで使う場合には、これらの実際の行動そのものではなく、第4章で少し紹介するような、多少一般化、抽象化した行動指標を作成することになります。

Ⅳ　コンピテンシーをどう取り入れていくか

●「最適な人材を見つける」「最適な配置をする」「評価によって期待像とのギャップを明確にしたうえで不足している点を育成し、実力を最大に発揮させる」という人材マネジメントのすべての点でコンピテンシーは活用できます。
●日本企業における今後のコンピテンシーの普及状況は、コンピテンシーを軸に人材マネジメント全体を統合するという「トータル化」の流れと、特定の職種、特定ポジションにおいて、コンピテンシーを活用していく「ピンポイント化」の二つの流れに分けられます。
●本章では、「育成」「評価」「採用」「配置・任用」の各場面でコンピテンシーをどう活用していくか、導入事例をもとに紹介します。

1 人材マネジメントに欠かせないツール

(1) 広い活用範囲

繰り返しになりますが、コンピテンシーとは、「それぞれの仕事において高い業績に結びつく行動特性」を示すものですから、その活用の幅は広く、人材マネジメントのあらゆる場面において有効性を発揮します。

人を採用する場合、職種別の採用やキャリア採用が前提となりますが、それぞれのコンピテンシーモデルと照らして選別を行うことにより、歩留まりの高い採用を行うことが可能となります。その仕事で高い業績を上げるために必要な行動特性を持っているかどうか、といった職務適性を見極めることになりますから、採用した人は、高い確率で高業績を上げることが期待できます。企業としては、競争力を決める能力のある人材を囲い込みたいわけですが、どういう人材が自社の競争力を決める人材か、それを明らかにするのがコンピテンシーです。

人材育成についても、それぞれの仕事におけるコンピテンシーの向上は、そのままプロフェッショナルの養成につながります。知識やスキルの習得も必要ですが、それだけでは高業績には結びつきません。より直接的に成果を左右するファクターであるコンピテンシーに焦点を当てることによって、はじめて本来の育成効果を上げることが可能となります。また、コンピテンシーの行動指標は、実在の高業績者から抽出するため、多くの教育研修がそうであるように、実際の仕事から遠く、仕事上での活用がイメージしづらいというものとは異なり、極めて実践的であるという点が特徴です。

企業としては、今後、有能な人材を多く確保していくうえでも、人材に投資をして人材価値を高めていくことが求められますが、知識やスキルを習得しても、それだけでは人材価値は高まりません。それらは、もともと比較的短期間で身につくものであるし、しかも直接的に成果に結びつくものではないからです。一方、コンピテンシーを向上させることができれば、その分野で確実に実績の上げられる人材となるため、人材価値は高まるのです。

評価においてもコンピテンシーは、様々な行動のうち、どの行動がパフォーマンスに最もインパクトを与えるのか、を示すものですから、プロセスの評価の中では、最も結果に近い点の評価となります。企業における評価とは、企業に対する貢献度を評価することですから、結果、および結果に最も近いプロセスを捉えることが、妥当性の高い評価を行うことにつながります。また、コンピテンシーの評価は行動評価となりますので、保有している知識やスキルの評価とは異なり、発揮された行動を捉えるため、客観性がより保ちやすくなります。評価される側からしても、知識やスキルの場合、いったいどこを見て評価されているのか、どういう行動をすれば評価されるのかわからないわけですが、コンピテンシーの場合はこのあたりが非常にシンプルで、どういう行動をとれば評価されるのかが示されているのです。

最後に、配置・任用についてですが、採用時と同様に、職務適性を判断して選別を行うことによって、適正配置の可能性を高めます。あるポジションに誰を就けるべきかの判断として、そのポジションにおいて高い成果に結びつく行動特性を保有している者を選ぶことは、特定の知識やスキルを保有している者を選ぶことよりも、より確度の高い選別となるのです。加えて、配置・任用の準備段階として、組織内のすべてのメンバーをコンピテンシーの観点からアセスメントしておくことは、一人一人の適性を把握するだけでなく、組織の特徴、強み・弱み、戦力を理解するうえでも、極めて有効性の高いことです。

(2) 日本企業での普及

このように、人材マネジメントの広範にわたって活用されるコンピテンシーですが、これまで、日本においてはどのように導入が進んできたのでしょうか、簡単に振り返ってみたいと思います。

私どもが日本でコンピテンシーを紹介し始めた初期の段階である一九九五年、九六年頃は、育成に活用されるケースがほとんどで、本国でコンピテンシーを導入している外資系企業から導入が始まりました。日本企業の間では、まだ職能との違いが理解されず、コンピテンシーの効果が認識されづらい状況にありました。そして、外資系企業を中心に、例えば、電機メーカーのSEや、医薬品メーカーのMRなど、特定業種の特定職種から浸透するようになり、それらが日本企業の同業種においても徐々に注目を浴びるようになったのです。

その後、多くの企業において、ビジネス環境の構造的変化から、事業戦略の大幅な転換がなされ、企業が「求める人材像」にも大きな変化が起こりました。それに伴い、新しい人材像を定義し、それに合った人材の育成を行っていく目的で、コンピテンシーが徐々に注目を集め、導入が加速されたのです。

育成での活用にやや遅れて、今度は評価においてコンピテンシーを導入するケースが広まりました。現在もこれが主流と言ってよいと思いますが、人事制度改革の中で、これまでの評価の方法を改めるにあたって、プロセスの評価をどうするか、ということになり、従来の職能評価からコンピテンシーの行動評価へのシフトが一斉に進んだのです。この点について言えば、評価要素を変えるにあたってコンピテンシー以外の候補がなかったということも、おそらく関係しているでしょう。また、いくつかの先進企業での導入例が、この時期に公開されたことも普及の一因になったものと思われます。

育成、評価に続いて今後は、コンピテンシーを採用選考に活用する例が、これもやはりいくつかの外資系企業から見られるようになりました。加えて、人材紹介会社などが人材の選別にコンピテンシー基準を用いるようになったことで、採用選考への活用が模索され始めました。特に、コンピテンシーという言葉については、就職情報誌などで相次いで取り上げられたことにより、それまで企業内の人事用語に留まっていた用語であったものが、この頃から広く世間一般に知れわたるようになりました。

採用においては、日本では米国とは異なり、新卒採用中心のため、コンピテンシーの適用が難しいこともあり、採用選考への活用はいまだ本格化していない状況にあります。しかし、職種別採用の流れが本格化するにつれて、または人材の流動性が加速するにつれ、コンピテンシーが選考の基軸になることは間違いないでしょう。

近年では、企業内の選抜・配置・任用においても、コンピテンシーは活用されるようになりました。面白いことに、この点については、役員層の選抜・任用というところから普及が進みました。こと人事に関する限り、これまで役員層については、いずれの場合も聖域化されてきており、最後まで手がつかないところでしたが、コンピテンシーの選抜・任用への活用に関しては、コーポレート・ガバナンスの流れとあいまって、従業員層よりも先んじて導入が進みました。

今後は従業員層においても、社内公募制やFA（フリーエージェント）制などの拡大に伴い、妥当性の判断基準として、または近年急速な普及を見せているサクセッションプランにおける選抜・育成の基準として、広く普及していくものと考えられます。

(3) 活用の「トータル化」と「ピンポイント化」

以上のようにコンピテンシーは、「最適な人材を見つける」「最適な配置をする」「評価によってギャップを明確にしたうえで不足している点を育成し、実力発揮の最大化を図る」という、人材マネジメントの要所すべてにわたって活用が進んできたことになります。つまり、ここ数年での人事改革は、コンピテンシーを軸に進んできたと言っても間違いではありません。また、これまでの日本におけるコンピテンシーの普及状況を見た場合、興味深いことに、人材マネジメントの領域別に順を追って進んできました。そして、これまでのところの主流は、人事改革の取り組みの一環として、コンピテンシーが導入されるというケースです。

しかし一方で、ここ二、三年、人材競争力の源泉に着目しようとする、コンピテンシー本来の特質に着目した活用の仕方も、いくつかの企業で見られるようになってきました。例えば、「ビジネスモデルを変革するにあたって、セールスの機能の大転換を図る必要がある。そのためには今後必要なセールス機能から人材像を割り出し、それへ向けて一斉にセールスの行動を変えていかなければならない、しかも短期間で。それにあたって、人材像を明確化し、必要な行動がとれるように育成を図るため、コンピテンシーを活用する」というようなケースです。

あるいは、「今後、企業全体の業績を左右しうる戦略的ポジションの人員数を急拡大したいという場合、外部から人材を獲得するとともに、社内の別の職種に就いている人材をシフトさせる必要があり、適性を見極めることと、早期に育成することを目的として、コンピテンシーを活用する」というケースなどもその一つです。これらは、企業の戦略的なニーズを捉えたうえで、目的が絞り込まれた形でのコンピテンシーの導入例と言えるでしょう。

今後のコンピテンシーの普及状況を予測すると、大きく二つのタイプに分かれるものと想定されます。一つは「トータル化」の流れ、もう一つは「ピンポイント化」の流れです。

「トータル化」の流れとは、現状では、育成や評価など、人材マネジメントの特定領域のみで活用されているものが、他の領域へ適用範囲を拡大し、コンピテンシーを軸に人材マネジメント全体が一貫性を持った状態が作られるという流れです。多くの欧米企業ですでに整備され、効果を発揮している「コンピテンシーベース・トータルHRM（ヒューマン・リソース・マネジメント）システム」がこれにあたります。そして、ビジネスのグローバル化は、この流れを加速させることになるでしょう。

「ピンポイント化」の流れとは、上述したような、ビジネスニーズから発生して、特定職種なり、特定ポジションにおいてコンピテンシーが活用される流れです。特に、これまで以上に激しいビジネス環境の中で、将来の変化を捉えてスピーディーなシフトを行うためには、コンピテンシーは不可欠なツールとなるでしょう。なぜなら、ビジネス領域のシフトなどが起こった場合には、人的側面のシフトがカギになり、しかも最も時間のかかる部分となるからです。そこにおいては、方向性を的確に絞り込み、具体的なレベルで示すことができるという点において、コンピテンシーの有効性が高いのです。その有効性に着目した、よりピンポイントでの活用も今後進むことが想定されます。

以下では、ここ数年の間に日本において見られた典型的な取り組みについて、その普及順序に沿って、育成、評価、採用、配置・任用の順に、それぞれの領域別に、活用上のポイントを述べるとともに、実際の導入例を紹介します。

2　コンピテンシーの育成への活用例

(1)　人材育成の焦点を、コンピテンシーの育成に当てる

まず初めに、これまでの企業における人材育成のあり方を振り返ってみましょう。これまでは、新入社員研修や管理職研修、中堅社員研修などの階層別教育に加え、語学研修やパソコン研修などのスキルアップ研修が主として行われてきました。こうした研修は、汎用的なスキルや知識、またはテクニカルなスキルを習得するために役に立ちます。しかし、すでに述べたように、これらの習得は、業績に直結するものではありません。経営者や社員も、これらの教育研修の結果、業績が上がるようになるとは信じてはいないのではないでしょうか。少なくとも、それにかかる膨大なコストに見合うほどの効果は上がっていないでしょう。これらの研修は、「高い業績を上げて貢献度を高める」という、企業における人材育成本来の観点からすると、人材育成の補助的手段として位置づけられるに留まっていると言えるでしょう。

多くの企業において、人材開発部や人事教育センターなど、社員の育成を専門に担う部署が存在しますが、これまでの育成の焦点は、「氷山モデル」で言うところの水面上にあたる、知識やスキルでした。これによって業績が上がるようになるケースは稀で、結局、個人間の業績

格差は放置されてきたことになります。

しかし、昨今は企業における人材育成も、長い期間をかけて段階的に行っていくというような悠長なことは言っていられない状況となりました。生き残りをかけて、できる限り短期間で、社員一人一人のパフォーマンスの向上を実現させたいという方向へ大きくシフトしたのです。企業の人材育成への期待が大きく変化したことにより、育成の視点のシフトが求められています。成果を上げるための育成、一人一人の貢献度を高めるための育成が求められ、そのためには業績に直結するファクターである、コンピテンシーに焦点が当てられなければなりません。企業における教育研修への支出は非常に大きなものですが、コンピテンシーの向上にフォーカスすることにより、これらの支出を最も効果的に使うことが可能になるのです。

また、社員の育成を行う場合、企業が本来支援すべき部分はどこなのか、という観点からも考えてみたいと思います。経営幹部を養成するというケースを例にとってみましょう。知識としては、戦略立案の知識、ファイナンスの知識、組織論に関する知識等は必要となるでしょう。しかし、これらの知識は、企業が手取り足取り教え込むべきものなのでしょうか。個々の職務を遂行していく中で習得されるべきものであり、または個人のキャリア意識の中で、個人の主体性に基づいて学習されるべきものとも言えます。

一方、バイタリティ、包容力、先見性等の人格的資質は、会社が介入できるところではないでしょう。会社が介入して大きく育成できるものではなく、会社が介入することは非効率であると考えられるのです。結局、企業内において、一人一人の社員が貢献度を高めるためのキーファクターである、コンピテンシーの向上こそが、企業によって提供されるべき支援と考えられるのです。

コンピテンシーの体系として明らかにされた人材育成の体系は、研修を行う場合の手法についても、次のように予めガイドラインを与えるものとなり、教育研修の体系も組みやすくなります。

・コンピテンシーの1次元(遂行力)⇩行動記録分析を中心とする手法
・コンピテンシーの2次元(調整力)⇩グループセッション、ケーススタディを中心とする手法
・コンピテンシーの3次元(統合力)⇩ビジネスゲーム・シミュレーションを中心とする手法
・コンピテンシーの4次元(創造力)⇩ブレーンストーミング・セッションを中心とする手法

(2) コンピテンシー・ラーニングの特徴

コンピテンシーはハイパフォーマーに見られる具体的な行動様式であることから、コンピテンシーの見地からラーニングの課題が鮮明に示されれば、仕事の環境を生かして効率的にラーニングが進み、しかも、その学びの効果は中長期的な業績に直結します。そのようなコンピテンシーの特徴を生かして人材育成をプログラム化していこうとするものが、コンピテンシー・ラーニングです。知識やスキルは、与えられるものとして、トレーニングによって身につきますが、コンピテンシーは、与えられて身につくものではなく、学び取るという方法によってはじめて身につきます。したがって、コンピテンシー向上のプロセスは、「ラーニング」となります。

新入社員の頃は、誰もが先輩社員を見習って仕事をするものです。良き先輩に恵まれた人は、恵まれなかった社員よりも、圧倒的に早く仕事を覚え、業績を上げることができます。

多くの場合、高業績者である先輩社員と自分自身との違いはわかりづらいものです。一つには、知識やスキルにばかり着目するからです。これまでの人材育成方法がそこに着眼していたのですから、これも無理からぬことです。あるいは、才能や性格に目を向けてあきらめるということも多くあったでしょう。このように、業績格差の原因を発見できず、多くの場合、なかなか高業績を上げるには到らないのです。それでも、「どこが違うのだろう、どうすればもっと高い業績が上げられるようになるのだろう」と、高い問題意識を持ち続けた人が、偶然、先輩社員のある言動に着目し、試行錯誤の末、自分なりの高業績パターンが出来上がるということがあります。

しかし、これは極めて偶然性に頼ったプロセスです。この偶然性を排除し、意図的にこのプロセスを行おうとするのがコンピテンシーによる育成です。まず、「どこが違うのかわからない」という点に関して、コンピテンシーモデルという形で違いを明示し、さらには、コンピテンシー・ラーニングという学びの機会を提供するのです。

コンピテンシー・ラーニングにおいては、まさに新入社員が優れた先輩との実力の差を実感するように、自己のあるべき姿と現状とのギャップについて、行動様式の視点から気づきを得ることがポイントとなります。それゆえ、教え込むというニュアンスの強い「トレーニング」なのではなく、やはり「ラーニング」なのです。会社がトレーニングを課すのではなく、社員が自分のキャリアアップや業績向上のために、あるべき姿とのギャップの気づきのもとに、おのずと学ぶプロセスです。

一般には、ハイパフォーマーに学べと言っても意外と難しいものです。往々にして、学ぶものとして焦点を当てても仕方がない、人格的な要素、スキル的な要素に焦点が当たってしまい、そこで思考や学びがストップしてしまいがちです。例えば、「あの人は頭がいいから……」「あの人はそういうキャラクターだから……」と思考がストップしてしまうようにです。したがって、ハイパフォーマーの学ぶべき特質だけを、コンピテンシーモデルとして抽出する必要があるのです。

そして、コンピテンシー・ラーニングの特徴は、「まず形から入る」ということです。旧来型の育成では、この逆の、「精神面から鍛え直す」「考え方、価値観から変える」というような精神論的アプローチが多かったように思います。この場合の問題点は、これらは変えづらい点であるため、まず非常に多くの時間がかかるということ、そして、時間をかけた結果として、変わるとは限らないということです。また、たとえ変わったとしても、仕事には直接的には結びつかない点であるため、即効性がないということもあります。コンピテンシー・ラーニングは、この逆のアプローチをとります。スポーツの世界と同様に、まずは具体的な行動を変革していくのです。そして徐々に望ましい行動様式を形成できるようになれば、自ずから、考え方や価値観、動機のレベルまで深化していきます。これは、高業績者と低業績者とで、どちらがその仕事に対する正しい価値観や動機を持って仕事をしているかを考えればわかりやすいと思います。

このように、「コンピテンシーモデルを通じて、あるべき行動様式を明らかにし、あるべき行動様式に照らして自らの行動様式を見直し、具体的な行動変革を積み重ねていく。それによって、コンピテンシーの獲得につなげる」というのが、ラーニングのプロセスということになります。以上から、コンピテンシー・ラーニングが含むべき要素をまとめると次の通りです。

①コンピテンシーモデルを通して、必要な要素、必要な行動を認識する。
②コンピテンシーモデルに照らして、自分の強み・弱みを認識する。
③自分のどのような具体的行動がコンピテンシーの強み・弱みにつながっているのかを認識する。
④コンピテンシーを獲得・強化するための、具体的な行動変革の課題を設定し、実行する。

(3) コンピテンシー・ラーニングのプロセス

コンピテンシー・ラーニングのプロセスは次の通りです。三六〇度のアセスメントを用いることがポイントとなります。

①コンピテンシーモデルの作成

ハイパフォーマーに対してインタビューを中心とする調査を行い、ハイパフォーマーの本質とも言うべき、コンピテンシーを明らかにします。

②コンピテンシーアセスメントの実施

コンピテンシーモデルに照らして行動様式のアセスメントを行います。上司だけではなく、同僚、部下、他部門上司からも評価してもらう、いわゆる三六〇度アセスメント方式をとります。コンピテンシーを見極めるためには、仕事上発揮される行動を全体として捉える必要があるため、上司から見えている部分だけでは不十分なためです。なお、自分で認識している自分の姿と、他人から見た自分の姿とのギャップを明らかにするため、自己評価も併せて行います。

③フィードバック

アセスメント結果はデータによってフィードバックされます。行動指標ごとに自己評価と他者評価とのギャップが一目で対比できるようなグラフが本人に示されます。本人には、そのグラフを見て、「どこが自他ともに認める弱い点なのか」「どこが自分では強いと思っていたにもかかわらず他者から見るとそうではない点なのか」ということを謙虚に直視することが求められます。

④ラーニングセッション

総まとめがラーニングセッションです。普段から仕事上の関わりがあるメンバーが四～六人単位でグループを組んで、一人ずつについて順番にアドバイスし合います。コンピテンシーファクターごとに、具体的な行動指標に関するデータを前に、しかも、普段仕事上の関わりを持っているメンバーから指摘を受けるのですから、本人にしてみれば、これ以上の気づきの場はありません。また、アドバイスをする側も、客観的なデータに基づいた指摘をすることができ、しかも、自分の考えがひとりよがりなものではないか、メンバーと話し合うことができますから、普段は言えないようなことでも、より客観的に冷静に指摘することができます。

⑤アクションプラン作りとコミットメント

最後に、アクションプランにまとめます。行動様式を変えるために最も効果的で具体的な行動項目を、ピンポイント化して明示することが大切です。多くの項目に手を広げて、すべてが中途半端になることを防ぎ、焦点を絞って確実に向上させるためにも、絞り込みは重要です。コンピテンシーの向上の場合、一年間追いかけるテーマは、二、三のポイントで十分ではないでしょうか。アクションプランには、具体的なスケジュール、実施状況が検証できるような指標も含めるべきです。

■導入事例：情報通信会社A社、システムコンサルティング部門

プロジェクトの背景

システムの開発・運用を行う部門において、プロジェクトマネジャー（ＰＭ）の早期育成が

喫緊の課題となっていました。担当するＰＭによって、プロジェクトの収益率は大きく異なり、数名の優れたＰＭは、トラブルの発生を回避しつつ、極めて高い効率のもとにプロジェクトを進め、常に高い収益率を確保していました。一方では、未熟な若手ＰＭのミスにより、多大な損害に到るケースもいくつか発生していたのです。そして、多くの優秀なＰＭを抱えることが、このビジネスにおける成功要因であり、企業の競争力を決するということははっきりしていました。

プロジェクトの狙い（コンピテンシーへの期待）

「極めて優れたＰＭが数名いるが、多くのＰＭが彼らのようになったら、収益力は飛躍的に高まり、同業他社との比較において競争力は群を抜くことになるはずだ」というのが、会社側の漠然とした期待でした。当企業では、やはり優れたＰＭから学ぶということが早道との結論のもと、それらのＰＭを講師として、プロジェクトの進め方や各フェーズでのポイント等、ケーススタディなども通してＰＭの育成を行ってきていました。しかし、これらの取り組みは、概ね好評であったにもかかわらず、実際の成果にはほとんど結びついておらず、相変わらず、ＰＭ間の個人格差は大きなままだったのです。より直接的に効果に結びつけるためには、優秀なＰＭのコアの部分を抽出して移管するような、より科学的なアプローチが必要に違いない、と人材開発部が考えていた時に、その考えに極めて近いコンピテンシーモデルという手法を知り、導入することとなったのです。つまり、このケースの場合、ハイパフォーマーから学び取るという、コンピテンシーと同様のアプローチで試行錯誤し、これといった決め手に欠けていたところへ、コンピテンシーの手法がピタッと当てはまったというケースです。

プロジェクトの進め方

・プロジェクトは、大きく二つのフェーズに分けて実施しました。

・第一フェーズにおいて、まず、ＰＭを仕事内容別に三つのタイプに分類しました。新規のシステム開発を行うＰＭ、システムの保守・運用を行うＰＭ、そして、特定業種向けの特殊なシステムの開発を担うＰＭ、の三種類です。

・それぞれの分類の中から、実績を上げているＰＭを四、五名ずつ選定し、インタビューを行い、コンピテンシーモデルを構築しました。

・構築したコンピテンシーモデルに基づき、ＰＭ全員の三六〇度アセスメントを行い、その結果をもとにラーニング・セッションを実施しました。

・第二フェーズにおいて、高い成果に結びつくファクターのさらなる絞り込みのために、第一フェーズで構築したコンピテンシーモデルの各行動指標をもとにアンケート調査を行い、それらの中でも特に、優秀なＰＭに特徴的なコアの行動、つまり、ＰＭ各人の業績格差を生み出す主たる要因となっている行動を抽出しました。

・このように抽出した、全部で三〇の行動指標をチェックリスト（「キービヘイビア三〇」）とし、それぞれについて、毎週、チーム内で相互チェックを行うようにしたのです。

プロジェクトのポイント

「育成ポイントの絞り込み」と「育成の継続性」が、当プロジェクトのポイントです。人材育成においては、ポイントを絞り込むことが効果を上げるうえでの一つのカギとなります。絞り込むことによって、重要な行動を繰り返しとるようになり、必要なコンピテンシーの向上が促されます。当プロジェクトでは、いったん構築したコンピテンシーモデルから、もう一段の絞り込みを次フェーズにて行い、すべてのＰＭが暗記するレベルで浸透を図りました。

次に、継続性については、三六〇度アセスメントとそれに基づいたラーニングセッションを行い、その三カ月後に相互確認のセッションを行い、その後もこのサイクルを繰り返しました。つまり、四半期ごとに、「評価とラーニングセッション」「相互確認セッション」を交互に繰り返したのです。一般的に、半年に一回の三六〇度アセスメントはタームが短いと言えますが、何度もアセスメントを行うことによって、全ＰＭに行動指標を浸透させるのに効果がありました。

以上の点以外では、抵抗感の排除という点が挙げられます。行動の変革を促す取り組みですから、当然ながらＰＭたちの抵抗感は強いものでした。特に、高学歴で理工系の人たちばかりでしたので、理屈できちんと理解しないことには、前には進まない傾向にありました。意図を理解してもらうためには、アウトプットが納得できるものでなくてはならず、行動指標はできるだけ具体的な内容を盛り込み、臨場感のあるものに仕上げました。また、彼らが尊敬するハイパフォーマーＰＭたちの協力のもとにつくり上げたものであるということも、いわゆる錦の御旗になりました。

コンピテンシーモデル

今回、七つのコンピテンシーにそれぞれ四、五個の行動指標を作成しましたが、ここでは主要四コンピテンシーについて二つずつの行動指標を参考までに示したいと思います。

対人協調力（対人感受性）

・プロジェクトメンバーとこまめに会話をすることで、プロジェクト遂行上の悩みや問題点を早い時点で察知する。

・顧客を頻繁に訪問し、良好な関係を維持するとともに、顧客の考えていることを継続的に聞き出す。

成果統合力（成果最大化）

・部下や協力会社各社の仕事の状況や個性、組み合わせの適性を考えたうえで、最適なフォーメーションを組む。

・個々のプロジェクトメンバーの経験や適性に応じて、妥当な目標を示し、適切な権限委譲を行う。

対人影響力（専門性発揮）

・プロジェクトが始まる前に、全体のシナリオを描き、発生しうるリスクを予見し、予防策を打つ。

・顧客の話を十分に聞いたうえで、整理して示し、その過程で抜けや矛盾を指摘し、顧客に気づきを与える。

戦略立案力

・プロジェクトの初期の段階で、顧客要件を十分に見極めることにより、リスクをプロジェクト計画に織り込む。

・顧客、協力会社、メーカー、自社の関係主体すべてに十分なメリットが出るスキームを考案する。

プロジェクトの効果

プロジェクト実施後、当部門の部長から、「若手ＰＭも最低限必要な行動は迷わずとるようになり、見ていてハラハラする場面が少なくなった」というコメントがありました。その他、ベテランＰＭからのコメントとしては、「プロジェクトに潜むリスクに対して皆敏感になり、未然に予防策を打つことが多くなった」「行動に迷いがなくなり、以前よりも主体的に活動することができるようになった若手ＰＭが何人かいる」というあたりが、取り組みの効果として挙げられました。また、セッションへの取り組みは、回を追うごとに参加姿勢が積極的になり、行動指標への追加修正提案なども出るようになりました。

当の若手ＰＭたちは、ラーニングセッションへの取り組み姿勢が従来の教育研修以上に真剣だったようです。これはもちろん意図していたことですが、理由としては、大きく三点あります。まず、各人について事前に三六〇度アセスメントを行っており、その結果をもとにしますので、他人事ではいられず、否応なしに当事者意識は高まります。次に、セッションの進め方も、ファシリテーター（進行役）に徹し、中身は当事者の自主性に任される形で実施するため、当然ながら受身ではいられなかったという点があります。最後に、教育研修を受ける場合、受ける側からすると、直接的に仕事上効果を発揮すると実感できない限りは、なかなか真剣に取り組む気にはなれないものです。そういう点からすると、実際のハイパフォーマーから抽出した、臨場感のあるキービヘイビアは、当人たちに実績に結びつくと直感させるに十分なものだったのでしょう。

今後の課題

最大の課題は、三六〇度アセスメントとラーニングセッション、または、毎週の相互チェックというサイクルについて、そのマンネリ化をどのように打破していくかという点です。マンネリ化してしまえば、その取り組みは形骸化へ向かうため、何らかの打開策を講じなければなりません。考えられることとしては、新任のPMは別として、上記サイクルを数回まわしているPMたちについては、徐々に自主的な運用へと移行していくということです。

例えば、あるテーマを設定し、ある一定期間、チーム全員がその点にフォーカスして活動し、現場で考え、情報を集め、次にまた持ち寄って検討する等です。または、逆の発想として、アセスメント結果に対して集中せざるを得ない環境を作り出すという意味では、この三六〇度アセスメントを人事考課の一部に組み入れるということも考えられるでしょう。いずれにしても、継続的な行動の変革が必要であり、それを促す仕組みなり、仕掛けが必要となります。

もう一点、一度設定した行動指標のメンテナンスをどのタイミングで、どういうプロセスで行っていくか、同時に、セッションの中で出た行動指標の修正提案をどのように取り入れていくか、という点があります。これについては、一年間または二年間という期間を決めて、出された付加修正案を蓄積しておき、時期が来たら、人材開発部とベテランPM数名とでコミッティーをつくり、再構築作業を行っていくことがよいでしょう。改訂にあたって気をつけなければならないことは、特定のPMの強い意見によって、偏ったアウトプットにならないよう、検討の手順と修正するうえでの必要要件を定め、十分な議論を尽くしたうえで改訂作業を進めていくということです。

3 コンピテンシーの評価への活用例

(1) 業績評価の危険性

業績評価の危険性は、成果主義という言葉そのものの中にあると言えます。すなわち、業績評価を極端に捉えてしまうと、結果オーライになりがちなのです。評価において最も重要な、公平性が破壊されてしまいがちです。さらに経営にとって何よりも困ることは、結果オーライとなってプロセスが問われなくなると、結果を出すためのプロセスの足腰強化ができなくなってしまうということです。スポーツの世界では、試合後に監督やコーチから、良かった点と改善を要する点のフィードバックを受けます。これがなければ次につながりませんし、実力も向上せず、今後のパフォーマンスも上がりません。

同じように、結果オーライでプロセスを見なくなると、次へのステップが踏めなくなるのです。業績評価を通して企業業績の向上が図られなければならないのに、反対に、業績評価の存在によって、業績向上が阻害されてしまうという結果に陥ってしまいます。

したがって、中長期にわたって業績を向上させるためには、結果だけではなく、そこに到るまでのプロセスも併せて見る必要があります。では、プロセス評価の場合、プロセスのうちのどこを評価することが、最も妥当性が高い評価となるのでしょうか。企業における評価とは、各人の「企業に対する貢献度」を評価することですから、結果の評価に最も近い点であって、かつできる限り客観的な評価が可能な点ということになります。

従来は、プロセスの評価として、知識・スキルおよび、態度・取り組み姿勢を評価の対象としていました。しかし、知識・スキルについては、その判断が難しく、評価者の恣意性を排除しづらいという問題がありました。同時に、高度な知識・スキルを保有しているからといって、高い業績が上がる保証はなく、貢献度の評価ということからは遠いという問題もあります。次に、態度・取り組み姿勢の場合は、実際に見てとれるため、客観性は保ちやすくなりますが、やはり貢献度の評価という点からすると問題が残ります。態度や取り組み姿勢は良いに越したことはありませんが、それが直接、成果に結びつくことにはならないからです。例えば、「協調性があり、周囲の人と仲良くやっていける人」の方がそうでない人よりも望ましいのは確かですが、そういう人が必ずしも高い業績が上がるとは限りません。

このように考えていくと、プロセスの中で最も客観的に見てとれるのは、発揮された行動であり、また、貢献度との関係から言えば、発揮される行動の中でも、成果に結びつく行動のみを取り出して評価の対象とすることが、最も妥当性の高い評価となります。これはつまり、コンピテンシーに基づく行動評価です。

(2) 組み合わせによる評価

プロセス評価の重要性について述べてきましたが、そうは言うものの、企業における評価では、結果を捉える業績評価がやはり中心になります。したがって、業績評価とコンピテンシー行動評価との組み合わせが必要になります。これを職種や階層によって、あるいは反映先、つまり、昇進昇格へ反映させるか、昇給に反映させるか、賞与に反映させるか、によって二つの評価のウェートを変えて用いることによって、妥当性の高い評価が可能となります。この組み合わせでの評価は、第1章で述べた通り、今や世界の潮流となっているものです。

多くの企業において、評価における一番の問題点は、「評価が、会社が期待する成果を捉えるようなものになっていない」という点ではないでしょうか。つまり、評価基準が、それぞれの仕事の期待成果を測るものになっていないということです。評価は、ある方向へ向けて従業員一人一人の行動を導くものであって、方向が正しく示されていなければ、誤った行動を促し、結果として、会社の求める成果を上げることには結びつかなくなる、戦略を遂行しなくなる、ことになってしまいます。正しい方向づけをするためには、まずは成果責任に基づいた正しい目標を設定すること、そして次に、その達成に結びつく行動を抽出し、評価の基準とすることが必要なのです。

(3)　MBOを補完するコンピテンシー評価

成果主義への関心が高まるにつれて、MBO（management by objective：目標による管理）の導入が一般化しています。MBOは、当初は人事制度から離れた純粋な組織運営の仕組みとして用いられていましたが、近年、目標の達成度と報酬とを直接リンクさせる仕組みが多く見られるようになりました。年俸制などの導入と併せて、年俸決定の最大のファクターとして、MBOの目標達成度を用いるということが最も多く見られる導入方法です。

成果主義の枠組みとしてMBOは極めて有効な枠組みですが、単純なMBO一本主義では、評価制度の目的を効果的に達することはできません。ＭＢＯを補完するためにもコンピテンシー評価が有効となります。

①ＭＢＯの効果性を高める

ＭＢＯによるマネジメントとしては、目標達成のためにどのようなアプローチをとっているのか、どのような姿勢で臨んでいるのか、ということまで併せて管理する方が効果的です。そうでないと目標達成の努力が空回りになるケースも多くなります。例えば営業マネジャーの例であれば、目標達成に向けて闇雲な行動量の増加、部下をむやみに叱咤激励する、押しつけのプレゼンテーションが増えるということは良く見られるケースであり、疲弊感ばかりが残って成果が上がらないということにもなりかねません。

コンピテンシーとは、ハイパフォーマーに範をとった、業績を上げるための行動パターンですから、コンピテンシー評価は、目標を達成するための最も標準的な行動や振る舞いを推奨するものとなり、ＭＢＯの効果性を高めるために機能するものとなります。営業マネジャーの例であれば、「顧客のニーズをとことん掘り下げて聞いたかどうか」「紹介をしてもらえるようにお願いをしたか」といった、目標達成に向けての行動上のキーポイントを、コンピテンシーによって捉えていくことができるのです。

②ＭＢＯを補完する

ＭＢＯには欠点もあります。すでに述べた通り、今期の目標の結果オーライということから、中長期的な成長が阻害されたり、あるいは、独特のやり方で成果を上げるハイパフォーマーのやり方に他の社員が影響を受けてしまい、会社として保持したい価値観や姿勢が保たれない場合があるのです。そのような意味から、ＭＢＯだけではカバーできない部分を補完するためにコンピテンシー評価を用いることは有効な方法です。企業としての価値観、バリューの浸透を重視するグローバル企業においては、業績とコンピテンシーの両面を評価し、両方において高い評価が得られることを求めているというケースも多く見られます。

(4)　コンピテンシー評価までのプロセス

コンピテンシー評価は通常、次のプロセスを通して実行されます。

①職群×階層の定義

全社員が同じコンピテンシーで評価されるわけでは、もちろんありません。コンピテンシー本来の考え方からすれば、期待される成果の異なるそれぞれの職種ごとにコンピテンシーがまとめられることになります。しかし、評価で活用する場合には、公平性という観点と、オペレーションコストという観点から、一般的にはあまり細かな分類はなされません。公平性の観点とは、数十、数百もの評価基準が存在する場合、同じ職群内でも、「あちらの評価基準はこちらの評価基準より簡単だ」というような不公平感が起こりやすいということです。同時に、それだけ多くの評価基準をそれぞれの対象者に対して適用していくというプロセスは非常に煩雑になり、オペレーションコストが高くつくことになります。このような観点から、コンピテンシーを評価に活用する際には、通常、個々の職種がいくつか集まった職種群である職群くらいの単位を組織の横の分類とします。そして、職群と四～六くらいの階層とによってマトリックスを作り、その一つ一つのマスを基本単位とし、その単位ごとにコンピテンシーモデルを作成します。

②コンピテンシーディクショナリーの作成

コンピテンシーディクショナリーとは、コンピテンシーごとに、コンピテンシーの発揮を表わす行動指標を収集したものです。ディクショナリーには、全職群共通に用いることができる汎用のものと、職群固有の行動指標を収集したものと二種類が存在します。職群固有の行動例を収集したディクショナリーを完成させて用いている会社はまだ少ないと言えますが、今後、職群別人事の方向が強まるにつれて、ディクショナリーの内容が職群別に収集され、ふるいにかけられ、ディクショナリーの内容が年々充実するような仕組みが作られることが理想です。

こうして作られたディクショナリーは、まさにその会社における成功要因を集約した辞書となりますから、その適用の範囲は評価に限られません。

③評価シートの作成

評価の際には、コンピテンシーディクショナリーに収録された行動指標の中から、評価項目とする行動指標を、あまり多すぎることなく、しかし大きな漏れもなく選び出して、評価シートとしてまとめます。

④評価の実施

評価は、行動指標に照らして、具体的な行動例が期待水準通り見られたか見られなかったか、という見地から行います。具体的にコンピテンシーの発揮を示す行動が見られたかどうか、評価対象者と評価者との間で、客観的な議論がなされなければなりません。

■導入事例：総合電機メーカーB社

プロジェクトの背景

人事制度改革を進める中、評価制度の再構築にあたり、目標管理制度のリファイン、取り組み姿勢の評価の廃止に伴い、コンピテンシー行動評価の導入が行われました。一般社員層においては、人材育成上、知識やスキルの習得が重要ということで、知識・スキルの評価も残されました。

従来の評価基準は、生産を除くすべての職種で共通のもので、管理職と一般社員の分類のみがあるという形式のものでした。それによる評価は、パフォーマンスの評価という色彩は薄く、勤務態度の評価に限りなく近いものでした。同時に、業績向上や人材育成にはまったくと言ってよいほど活用されず、評価の時期に人事から配られた用紙に、マネジャーが記入して人事に提出するというだけの社内行事に過ぎなかったのです。そういった評価を根本的に改め、各職種ごとにそれぞれ評価基準を設定し、育成効果のある評価とし、各分野のプロフェッショナルを育てていこうというのが、人事改革の一つの焦点となっていました。また、評価のプロセスを通してマネジャーの育成を図っていくことも意図されました。つまり、評価の目的として、人材育成という点に強くフォーカスしたという点がこのケースの特徴的な点です。

プロジェクトの狙い（コンピテンシーへの期待）

現場の感覚から遠い人事を改め、現場フレンドリーな人事を行っていくために、評価制度の再構築にあたっては、現場の声をできる限り取り入れた形で構築作業を行っていくことが命題となっていました。したがって、現場を巻き込み、現場の情報を集約し、それをベースに評価基準を作成するという、コンピテンシーモデル構築のプロセスそのものにまずは期待がありました。同時に、職種別にフィット感のある基準を作ることで、人材育成を加速させるということも、もちろん期待されていました。

導入後、適正に運用していくためにも、マネジャーをはじめとする従業員の「評価に対する認識の変革」が不可欠でした。そのためにも、構築のプロセスを通して、「これまでの評価とはまったく異なる評価を今後は実施していく」という会社側からのメッセージを全社員が受け取れるようなプロセスが意図されたのです。

プロジェクトの進め方

・育成に焦点を当てた評価であるため、コンピテンシーモデルの構築単位は、評価よりもむしろ育成を念頭に、小さくとることにしました。全社で六〇種類程度を想定しました。
・構築方法としては、まずいくつかの中心となる職種をベンチマーク職種として選定し、そこにおいて最初にコンピテンシーモデルを構築し、それらをベースに周辺職種へ適用、展開していくという方法をとりました。
・営業、技術、管理、生産などの各職群の中から、キーとなる職種を二つ、四つ特定し、それらの職種のマネジャー層を対象として、全部で一二個のコンピテンシーモデルをまず構築しました。

・構築のプロセスとしては、一二個の職種に含まれる一〇～二〇名という比較的多くの人たちにアンケート調査を実施し、それをもとに、それぞれ五名前後の人たちにインタビューをし、モデルの構築を行いました。

・次に、一二個のベンチマーク職種のコンピテンシーモデルをベースに、スタッフ層のコンピテンシーモデルをつくり、その後、周辺の他職種に適用、展開することで、全職種をカバーする単位のコンピテンシーモデルを完成させました。人事と各職種のマネジャー数名が中心となってこれを進め、最終的に、全社で六〇種類のコンピテンシーモデルを構築し、コンピテンシーディクショナリーが完成しました。

・それぞれのコンピテンシーごとに、ディクショナリーから主要な行動例を三つずつ抜き出して評価基準とし、評価尺度を作成し、評価フォームが完成しました。

・全マネジャーに対して、評価者トレーニングを行いましたが、特に、新たに導入したコンピテンシーへの理解と、ケーススタディーを通してのコンピテンシー行動評価の理解、ロールプレイを通しての評価結果フィードバック方法の習得などに多くの時間を割きました。

プロジェクトのポイント

十分な育成効果が見込める程度の細かさで評価基準を作成するうえで、コンピテンシーモデルの単位、つまり評価の単位をどのように区切るかが、まず最初のポイントでした。結局、期待される成果の違いに着目して、各職群の部課長の人たちとの話し合いの中で案を作りました。結果として、作成過程で二つを一つに統合したもの、反対に一つを二つに分けたものもありましたが、概ね、案に沿った形での分類で作成することができました。

次に、六〇種類ものコンピテンシーモデルを標準的なプロセスで構築するには、相当の労力、時間、そしてコストが必要となります。そこで、期間短縮とコスト削減のために、全体の五分の一にあたる数の職種をベンチマーク職種として選び出し、それらについてのみ、通常の方法でコンピテンシーモデルを構築することにしました。その他の職種については、ベンチマーク職種のコンピテンシーモデルをベースとしてカスタマイズする形で、人事部と各職種から選ばれたタスクフォースメンバーが中心となって構築しました。

また、今回新たに、評価の中にコンピテンシーという概念を導入し、行動評価を行うことになったため、マネジャーたちがコンピテンシーを理解し、行動評価に慣れるということが活用における最大のポイントとなりました。これまで行ってきた「人の評価」という考え方そのものでは適正な評価は難しく、これを「事実の評価」へと考え方をシフトすることがポイントとなります。したがって、本人へのフィードバックにおいても、観察された事実についてフィードバックし、事実について話し合うようにしなければなりません。

コンピテンシーモデル

今回構築したコンピテンシーモデルの中から、営業・マーケティング職群において一つのベンチマーク職種として最初に構築した、「ブランドマネジャー」のコンピテンシーモデルの一部を以下に紹介します。

対人統合力

・担当ブランドに関する基本思想を繰り返し伝えることにより、多様な見解を持つ関係者の方向性を統一する。

・各部署のキーパーソンに対し、目指すべき状態を明確に示すとともに、こまめに意見交換を行う。

成果創造力

・細かな部分に目を奪われず、担当ブランドの強みの源泉に着目し、それを最大限に生かす道を考える。

・既存ブランドに関して、その優位性を維持するだけでなく、新たな付加価値を加えることにチャレンジし続ける。

戦略立案力
・担当ブランドを育て、ブランド価値を高めていくために、中長期でのブランド運営プランを策定する。
・担当ブランドの優位性を維持するために、競合他社の動きを予測し、近い将来を見据えた施策を打っていく。

論理創発力
・担当商品に関する既定概念を取り払い、ユーザーの必要性に着目することで、次なるコンセプトを見出す。
・様々な分野の人たちの意見に積極的に耳を傾けることによって、発想の糸口を見つけ出す。

プロジェクトの効果

細かな、臨場感のある評価基準を作ったことによって、「初めて評価を実際の仕事と結びつけて考えるようになった」という点が、マネジャーの方々から聞かれたコメントでした。

各職種において、現場のかなりの人数を巻き込んで構築作業を行ったため、でき上がったものについては、「知らないところで作られたもの」という意識はなかったようです。その結果、直接関わらなかった人たちも含めて、さほど抵抗なく受け入れられました。

プロジェクトの最終フェーズとして行った評価者トレーニングは、マネジャーの方々にたいへん好評でした。これまで、評価については、評価シートと一緒に数ページのマニュアルが配られるだけであったため、実際に仕組みの説明を受け、その場で質問ができる機会を設けたことで、前向きな取り組みが喚起されたものと思います。また、フィードバックに関して、育成に効果のあるフィードバックとなるよう、コーチング技術の基本もトレーニングの中に盛り込んだ点も多くの方々に好評でした。

また、非常に多くのマネジャーからの評価後のコメントとして、「評価結果のフィードバックがやりやすくなった」という点がありましたが、この点は、コンピテンシー行動評価を導入した企業ほぼすべてにおいて聞かれる点なのです。行動指標という話し合いの材料があることに加え、被評価者本人そのものではなく、その者がとった行動という事実についての話し合いを行うことになるため、双方とも感情的にならずに、建設的な話し合いがしやすいのです。

このことは、経営上も極めて大きな意味を持っており、上司と部下との間で、ビジネスの成功要因について意見交換し、共通の認識を作り上げることは、本来のマネジメントのあり方であり、一人一人のパフォーマンスを向上させるばかりではなく、仕事に対する満足度も高め、有能な人材の維持にもつながるのです。

今後の課題

六〇種類のコンピテンシーモデルというのは、評価の単位としては極めて多い方になります。これだけの評価単位を保持しつつ、いかにして社内公平性を保っていくかが第一の課題となります。当企業では、今後、給与水準も含めて事業別の人事を志向しており、社内公平性の考え方自体を変えようというのが、一つの大きな方向性です。そして、事業部内での公平性については、職種ごとの評価結果のバラツキを調整するためのメカニズムを設計し、調整を行うための権威あるコミッティーの構築を進めています。

また、多くの種類のコンピテンシーモデルを保有することから、いかにして最少のオペレーションコストで運用し、またメンテナンスしていくかが次の課題となります。運用に関しては、当企業ではすでにオンライン上で行うシステムを構築中です。これにより、各マネジャーはパソコン上で評価結果をインプットすることができるようになり、人事部も評価フォームの配布、回収、結果集計のオペレーションコストを大きく削減できることになります。メンテナンスに関しては、それぞれの職種において、期待される成果に大きな変更があった場合はその都度、そうでない場合には二年に一度の見直しを行う、見直しにあたっては、各職種ごとに数名のタスクフォースをつくり、そこが中心となって作業を進めるのがよいでしょう。

最後に行動評価を行う場合には特に、評価の時期のみに労力を割いても決して適正な評価は行えず、一期を通して継続的に、部下の行動を観察していなければなりません。したがって、評価を年一回のイベントではなく、日常的なものとして浸透させていくことが重要な課題となります。このためには、人事部が社内コンサルタントとしての役割を果たし、現場の相談にのったり、有効なツールを提供していくことが必要です。また、評価方法として三六〇度アセスメントなどの多面評価の導入も考えられるでしょう。

4　コンピテンシーの採用への活用例

(1)　従来の適性検査の限界

これまでの採用選考に使われてきた適性検査は、組織人または社会人としての一般適格性を判断するもので、それらは採用の現場ではすっかり定着してきました。様々な種類がありますが、それらは通常、言語能力や数的能力、性格などを見るものです。確かに、これらによって、「頭の良さ」や「性格的傾向」は判断できます。しかしながら、これだけで有能な人材が採用できているという話は聞きません。結局、これらの方法は、大量の学生の中から面接対象者を絞り込むためのもの、あるいは補助的な位置づけでしかありません。ということは、実際上の適性の見極めは、すべて面接の場に頼ってきたということになります。しかし、面接では、面接官それぞれの「人を見る眼」、あるいはフィーリングに依存していた部分が大きかったと言えるでしょう。

最近では、いずれの企業においても、大量に採用をして、時間をかけて育成していくというような余裕はなくなり、限定された数で採用される人たちには、皆それぞれの分野で早期に実績を上げてもらいたいという企業側の要望が大きくなりました。そして、採用においては、一人一人の適性を、時間をかけて厳しく見るようになってきました。「いったん採用して後から育てる」という採用から、「採用の段階で適性のある人材を見極める」という方向へシフトしたのです。

(2)　人材のどこを見るべきか

ビジネスの現場とは複雑なものです。ビジネスの成功要因とは、特定の能力や特性が強ければ強い程良いというものとは異なります。また、あるビジネスの領域において成功した人が、そこにおいて発揮した特徴を生かして他のビジネスの領域においても成功できるかと言えば、そうとも限りません。

このように考えると、特定のビジネスの領域における固有の要因、それらの要因の相互作用、何が最もキーとなる要因かということ、そして、その要因をどのような行動が最も満足させられるかということ、を把握しなければならないのです。

また、要因とは一つではないため、ビジネスの現場では矛盾を統合したり、解決しなければなりません。例えば、営業の現場では、顧客重視でなければなりませんが、顧客の言いなりになってはいけません。会社の立場を代表しなければなりませんが、会社の立場を貫いてはいけません。利益を重視しなければなりませんが、目先のことだけ考えてはいけません。これらの一見矛盾する要請を満たさなければならないのです。研究開発の現場では、ロジックを通さなければなりませんが、開発上の制約条件を満たすためには常にロジックを変更できる用意がなければなりません。洞察と仮説に基づいて仕事を進めなければなりませんが、顧客からの声にも敏感でなければなりません。

このような現場固有の複雑な要因が働くビジネスの現場では、強弱で捉えられる能力や特性、といったことよりも、複雑な諸条件の中で何を感知し、どのように判断し、自分の行動をどのように選択して組み立てるか、という判断および行動のパターン、さらにはそれを支える動機、が重要になってくるのです。適性検査、またはフィーリングによる採用は、ビジネスの現場に直結したものではなく、ビジネスの現場で発揮される力を捉えたものであるとは言えません。

能力や特性の強い弱いではなく、行動のパターンを捉えなければならないのです。そのような、ビジネスの現場という、複雑な要因が働く中で発揮される判断や行動のパターンを捉えようとする概念が、コンピテンシーなのです。

では、実際に採用選考時には、どのような点に注意して見る必要があるのでしょうか。大きく以下の三点にまとめることができます。

①短期的には身につかない点

一般に、知識やテクニカルなスキルは比較的短期間で身につきますから、これらの点については、入社後に育成することが容易です。

②仕事に直接的に関わる点

仕事に直接関わらない点に目を奪われると、採用後、期待した成果が表われないことになってしまいます。例えば、性格の善し悪しについては、よいに越したことはありませんが、性格がよいからといって、仕事上、高い業績が上がるわけではありません。同様に、知識やスキルを保有しているだけでは、高い業績は見込めないということもすでに述べた通りです。

③継続性（再現性）のある点

過去の成功体験の中でも、たまたま幸運が重なって大きな成果に結びついたという類のものもあり、これらは再現性が見込めません。また、採用面接時点でのやる気なども、これはあるのが当然で、採用後の継続は保証されません。

これらの各点から、採用時に見るべき点としては、「短期的には習得不可能であり、仕事上高い業績を上げるうえで直接的に関わる、継続性、再現性のある点」となり、つまりこれは、コンピテンシーとなります。

このように、職務適性という観点からはコンピテンシーによる選考が妥当性を持つわけですが、採用選考においては、職務適性以外の点、学力や性格、情緒の安定性なども併せて見る必要があります。これらの点を見るためには、コンピテンシーによる選考だけでは不十分であり、いくつかの選考方法の組み合わせが必要になるという点に注意する必要があります。

(3) 採用選考までの流れ

採用選考までの流れを整理してみましょう。まずは、人材像を明確にすることから始める必要がありますが、必要な人材像とは、本来、その会社の社長、あるいは部門長などの組織のトップが、「こういうビジネスをやっていきたい」「こういう会社に（組織に）していきたい」という思いがあって、それに基づいて、「こういう人材が欲しい」ということで出てくるものです。

ただし、こうして最初に出てくる人材像というのは、例えば、「打たれ強い人」「バイタリティのある人」「主体性のある人」など、比較的漠としたレベルのものになります。これらを基準として人材を選別しようとする場合の「人を見る眼」というものは、個々人の経験則であり、それぞれの頭の中にあるため、共有ができないのです。ですから、人材の選別のためには、人材像をより具体的に〝言語化〟する必要があります。

言語化とは、人材像をよりブレークダウンされた言葉として表わし、共通のものさしを用意することです。そして、知識やスキル、コンピテンシー、性格などを言語化し、それぞれを、インタビューやグループディスカッション、テスト、ケーススタディ、自己チェックなどを通して見極めていくことになります。

では、コンピテンシーの言語化とそれぞれの選別手法について、コンサルタントのケースを例にとって見てみましょう。「プロジェクトマネジメントができる人」を採用したいという場合、まずはこれをブレークダウンし、言語化を図らなければなりません。

「プロジェクトマネジメントができる」というのが、いくつかのファクターに分解されます。

「ミーティングの場で、クライアントのニーズを敏感に察知し、反応する」というような行動に代表される「対人協調力（対人感受性）」、「レポートをまとめる際に、誰からもわかりやすい理路整然としたロジックを組み立てる」という意味での「論理統合力（ロジック構築力）」、そして、「プロジェクトに遅れが生じた際に、役割分担を柔軟に見直し、オンスケジュールに戻す」という行動として表われる「チーム効率追求力」などに分解されることになります。

そして、「対人協調力」を見極めるうえでは、グループディスカッションや個別インタビューが有効であり、「論理統合力」を見極めるには、テストやケーススタディ、「チーム効率追求力」については、時間を限定した中で一定の結論に導かせるような課題を与えてのグループディスカッションなどを行うのがよいでしょう。

コンピテンシーを見極めるには、何らかの負荷がかかった状況に置いてみることがベストの方法です。矛盾した要請をはらむ負荷がかかった状況の中でどのような行動を選択して切り抜けるかということを見るのです。

採用選考時に、実際に負荷状態を作り上げるのは困難ですが、「擬似的負荷状態」を作り上げることは可能です。例えば、「どうしたらよいか、非常に迷うケース」「短時間で、ある事柄について判断を下さなければならないケース」などです。また、ケーススタディと並行して、言わば過去の経験をケーススタディと見なして、それらを再現させていくインタビューを行うということも、コンピテンシーを見極めるための有効な方法です。過去の経験をベースに、限界状況をどのように切り抜けてきたか、難しい局面においてどのような判断を下したか、ということを具体的に聞いていくのです。

どのようなコンピテンシーを見極めるかによって、適した選考方法は異なります。選考方法それぞれの主な特徴をまとめると、以下のようになります。

・インタビュー：個人的な意見や考え方を知るとともに、過去の出来事から、各局面においてどのような行動をとってきたかを探索することで、行動特性を知る。
・グループディスカッション：集団の場で、どのような行動をとるか、どう振る舞うかを観察し、対人的傾向を知る。
・ケーススタディ：ある負荷のかかった状態で、どのように判断し、どのような行動を選択するか、思考傾向を知る。
・自己チェック：自己の行動傾向について、どう感じているのかを分析し、本人の志向性を知るとともに、行動特性を知るうえでの材料とする。

⑷　コンピテンシー採用のプロセス

実際の採用においては、以上述べてきたようなことをいかに効果的・効率的に行うか、ということがポイントになります。

①応募前の課題

一般的な課題、例えば「これからの○○産業の課題」について、A4判の用紙一枚で提示せよ、というような宿題を課すなどです。

②書面による選考

テストや書面上のケーススタディです。ケーススタディとしては例えば、外資系日本法人社長の立場を想定させ、人員を削減し、顧客を整理統合したい本社からの要請と、顧客への信用や従業員のモラールを保ちたい日本法人としての要請との間の矛盾をどのように解決していくか、というようなことを具体的な本社からの指示に回答せよ、という形で問い、アプローチ、手段、スケジュールを簡潔に展開させるなど、擬似的負荷状態を作り上げるものです。

③グループ面接による負荷

できるならば、上記の書面による負荷を、グループ面接・討議の場面で与えると、より多くの角度から、対象者のコンピテンシーを見ることができます。

④インタビュー

過去の、負荷を通りぬけての成功例、失敗例、そこにおける行動パターンを再現させるのが、コンピテンシーインタビューです。まず成功（および失敗）の出来事に着目して聞いていくというのが一つの切り口です。「あなたが手がけた成功したプロジェクトを一つ挙げてください、そこにおいて、何が成功のポイントだったか、あなたは何を行ったか、なぜそのように行ったのか、なぜそのように判断したのか」ということを聞いていくのです。問い詰めていくと言ってもよいでしょう。

経営者やプロジェクトマネジャーのように、派手やかな成功イベントを問うことができる職種というのは限られますのでそのようなハイライトの局面だけを聞くのではなく、ビジネスの現場で取り扱う、ヒト・モノ・カネ・時間・情報等の要素に即して、順番にその人の行動パターンを洗い出していく、というのも一つの方法です。

■導入事例：一般消費財メーカーC社

プロジェクトの背景

この企業では、それまで、新卒者の採用を全社一律採用で行ってきていましたが、当年度から新たに職種別採用を開始しました。初年度においては、マーケティングや広報など、まずは四つの職種から始めました。それまで採用にあたっては、学力試験の他、多くの企業で用いられている汎用的な適性検査を行い、その後、三段階の面接プロセスを経る形で行っていました。面接においては、人事部による面接のみ、いくつかのチェック項目が設けられていたものの、部門長面接、役員面接においては、特に共通の基準は設定しておらず、選別の視点はそれぞれの面接官に任されていました。職種別採用に切り替えるということで、より厳正に適性を判断すべきとの考えのもと、選別基準の作成に取り組むこととなり、職務適性を表わすコンピテンシーの導入が決まりました。

プロジェクトの狙い（コンピテンシーへの期待）

職種別採用に切り替えたことで、採用の焦点は、ゼネラルな意味での優秀な人ではなく、その職種において適性のある人、実績の上げられる人の選別へとシフトしました。従来は、全社一律の採用であったため、その後の新入社員研修および、試験的配属の後に、正式な配属を決めていました。したがって、その間に各人の適性を判断する機会と時間があったわけです。しかし、職種別採用になり、採用時点で職務適性を見極めなければならないことになり、そのノウハウは当然ながら蓄積されていなかったため、まったく新たな取り組みとして、コンピテンシーに基づく採用基準の作成と採用プロセスの設計が行われたのです。

プロジェクトの進め方

・まず、四つの職種のそれぞれについて、スタッフ層の中から、ハイパフォーマーを四〜六名ずつ選定し、アンケート調査に続き、インタビュー調査を行い、コンピテンシーモデルを構築しました。

・次に、職種ごとに、それぞれのコンピテンシーを効果的に見極めるための手法を検討し、テストやケーススタディ、チェックリストなどを作成し、選考のプロセスを設計しました。

・選考プロセスの概略は次の通りです。まず、インターネットを介して、コンピテンシーの自己チェックおよび、簡単な記述式テストを含むエントリーシートを送信してもらい、その結果で第一次の選考を行いました。

・第二次選考として、従来の適性検査とグループ面接を実施しました。

・次の選考で、コンピテンシーのショートテスト三種類とグループディスカッションを行いました。グループディスカッションでは、各グループにアセッサー（評価者）が一人ずつつき、共通のフォーマットに基づき、一人一人の評価を行いました。

・最終選考として、コンピテンシーインタビューを含む面接を実施しました。

プロジェクトのポイント

本来は、マーケティングという職種内でも、担当する商品やターゲットによって、求められるコンピテンシーは異なり、キャリア採用で必要なポジションへ人を採用するような場合には、その単位ごとのコンピテンシーモデルに基づいた選考となります。しかし、今回の新卒採用のケースでは、マーケティング職というくくりでの採用であったため、そこにおける共通性を取り出し、比較的大きな単位でのコンピテンシーモデル作りとなりました。

選考における工夫としては、グループディスカッションにおけるアセスメント基準の作成、および、アセスメントフォームの設計がポイントとなりました。グループディスカッションの場でその強弱を見やすいファクターを選び出し、それぞれのファクターごとに、ディスカッションの中で端的に観察できる行動や反応をプラス面とマイナス面の両方記述し、アセッサー(評価者)が暗記できるくらいの数に絞り、一枚のフォームにまとめました。

同時に、アセッサーの訓練、目線合わせという点がポイントとなりました。アセッサーはかなりの人数が必要なため、人事部のみならず、各職種の若手社員数名ずつに協力してもらいました。トレーニングセッションの中で、五名が候補者の立場でディスカッションを行い、他の五名がアセッサーとなり各人の評価を行い、その後、アセッサー同士が目線合わせのためのディスカッションを行うということを何度か繰り返しました。

最後に、採用に関しては、最小の労力で最大の効果を狙うということが大命題となりますが、検討を重ねた結果、多くの点を一度に見ることができ、しかも包み隠すことが比較的困難な場として、グループディスカッションを採用選考の主軸に置くことにし、短時間化を図り、できる限り多くの人数に対してグループディスカッションを実施することにしました。

コンピテンシーモデル

ここでは、特定職種のコンピテンシーモデルではなく、グループディスカッションにおけるアセスメント項目として使用した、汎用的な基準を参考として以下に示します。

すでに述べたように、グループディスカッションの場で観察できるファクターを選び、暗記できるくらいの簡単な行動例を記述したものを作成しました。これらのうち、例えば、「リーダーシップ」と「成果志向性」はマーケティング職に強く求められ、「オープンネス」と「他者尊重性」は研究開発職に強く求められるというように、それぞれの職種に関係しています。

まず、大項目三つ、小項目は各大項目ごとに各二つずつ、行動例は各小項目ごとに各三つずつという構成です。大項目として、「自己」「対人」「成果」を選びました。次に、小項目としてそれぞれ二つずつ、「自己」については「オープンネス」と「自己安定性」、「対人」についてては「リーダーシップ」と「他者尊重性」、そして、「成果」については「ポジティブネス」と

「成果志向性」を選びました。以下に、例として、「オープンネス」と「他者尊重性」についての行動例を示します。プラス行動とマイナス行動のそれぞれが対になる関係になっています。

オープンネス（プラス行動）
・壁を作らず、グループメンバーと即座に打ち解ける。
・飾らずに自分の考えを率直に、ざっくばらんに話す。
・他者の意見の良い点は積極的に取り入れる。
オープンネス（マイナス行動）
・なかなか率直な、オープンな態度がとれない。
・ディスカッションの流れを見極めるまで自分の意見を出さない。
・自分の意見に強く固執する。
他者尊重性（プラス行動）
・全神経を集中させて、他者の意見に耳を傾ける。
・他者が意見を述べている時には、途中で口をはさまず最後まで聞く。
・自分の考えを他者が理解できるよう、熱心に伝える。
他者尊重性（マイナス行動）

・真剣に聞いているということが態度からはあまり見てとれない。
・相手が話している途中で口をはさむことが多い。
・相手が理解、納得しているかどうかにはあまり関心を払わない。

アセスメントのメカニズムとしては、フォーマットのそれぞれ相対する行動例の間に尺度を置き、それぞれについてどちら寄りかを判断し、最終的に点数化するというものです。

プロジェクトの効果

採用した社員がどの程度高い成果を上げるかは、今後を見てみなければまだわかりませんが、人事や現場のマネジャーからのコメントとして、「これまでと明らかに違ったタイプの人材が入ってきた」ということが多く聞かれました。これは、採用の視点を変えたからに他なりません。全職種一律での採用では、この会社に合うかどうか、つまり会社のカラーなり、カルチャーへのフィット感を見て人を選ぶことになりますから、結果として、比較的似通ったタイプの人材を採用する傾向にあったわけです。

また、「入社してきた人たちの自信というか、覚悟が違う」というコメントも数名のマネジャーから聞かれましたが、職務適性を執拗に問う選考プロセスを通して入社してきたことも、その一つの要因と考えられます。

副次的な効果としては、グループディスカッションに関わった、各職種の若手社員や、コンピテンシーの基準のもとにインタビューを行ったマネジャーたちが、自分の職種に求められているコンピテンシーを再認識し、また再考する機会となり、組織の中にそれぞれのコンピテンシーが共通言語として、浸透しつつあるという点が挙げられます。

今後の課題

コンピテンシーによる採用の効果測定を行う必要があります。各職種において、どの程度、高い成果を上げる人材を獲得することに成功したか、この点を確認するために、追跡調査を行う必要があります。その結果をもとに、各職種の選考基準や選考方法を継続的に見直すことで、さらなる採用選考のレベルアップを図ることができ、自社の戦略を効果的に遂行しうる有能人材の確保がより一層進むことになるのです。

次に、当プロジェクトでは、採用の場面のみでのコンピテンシーの導入を行いましたが、入社後の人事管理との整合性を今後どうとっていくかという点があります。本来は、採用時点でコンピテンシーを導入する場合、採用後の育成や配置、評価においてもそれを共通の軸とすることが効果的で、それにより一貫性のある人材マネジメントが可能になります。まずは、採用選考時に使用したコンピテンシーモデルをベースに、入社後の教育を行い、必要なコンピテンシーのレベルを高めていくことから始めることがよいでしょう。

インタビューの際の面接者による差、グループディスカッションの際のアセッサーによる差をどうするか、については引き続きの課題です。今回、仕組みとしては、三名の面接者が一度にインタビューを行い、また、グループディスカッションにおいては、一つのグループを二人のアセッサーが交代で見るようにしました。しかし、質問項目や選考基準の継続的なブラッシュアップと、毎年決まった時期に行う継続的なトレーニングは不可欠です。

最後に、採用選考のさらなる効率化についてです。一人一人に対して、時間をかけて丁寧に適性を見極めるということを基本としているため、効率化の焦点は選考内容そのものではなく、選考方法やプロセスの再構築、またはIT化ということになるでしょう。実際に当企業では、自己チェックとエントリーシートでの課題については、インターネットを介して行う仕組みを構築済みであり、さらなるIT化を検討しています。また、最も多くの時間を割いているグループディスカッションについて、テーマの与え方等による効果性アップにより、一層の短縮化はまだ検討の余地があるでしょう。

5　コンピテンシーの配置・任用への活用例

(1)　コンピテンシーへのフォーカス

それぞれのポジションに、それぞれ適した人材が就いている場合と、そうでない場合とでは、貢献度に大きな違いが生まれ、組織全体としては、極めて大きな競争力の差となって表われます。向いていない仕事に就けている場合、その者のモチベーションが高まらないばかりか、組織の風土に悪影響を及ぼす危険性すらあります。また、他の仕事に対しては非常に高い適性を有する有能人材であったとしても、向かない仕事を長い間させておくと、本来の適性までも腐らせてしまう、または社外に流出してしまうということにもなりかねません。

したがって、企業として、組織力を最大化しようと思えば、人材育成の前に、まずは適正配置がなされなければなりません。適正配置の実現のためには、それぞれのポジションに求められる要件が明確になっていること、そしてそれを高いレベルで保有している個人を見極めることの両方が必要となります。

非常に高い業績を上げていた者を抜擢して、一つ上のポジションに就けたとたんに業績が上がらなくなった、という例は多く見られることです。その仕事で高い業績を上げられるからといって、一つ上のポジションで高い業績を上げられるとは限らないのです。同様に、ある仕事において高い業績を上げていた人でも、別の仕事で高い業績が上がるとは限りません。したがって、配置や任用にあたっては、事前に適性の判断がなされる必要があります。

では、企業内で人材の配置・任用を行う場合、何に着目すべきでしょうか。そのポジションに適した人材を配置して、適材適所を実現したいわけですが、何に着目すれば、それが実現されるのでしょうか。従来のような経験年数や特定のローテーションのパターンに沿った形での配置でないことは明らかです。経験年数やローテーションのパターンに従って、機械的に配置・任用を行う場合、たまたま〝適正配置〟になることもあれば、〝失敗配置〟になることもあります。

知識やスキルを判断して配置するというのは、どうでしょうか。知識やスキルは業績を上げるためのベースとはなりますが、キーファクターではないため、それだけでは必ずしも〝適正配置〟は実現されません。また、知識やスキルは一年以内に身につけることが可能なものがほとんどであるため、配置後に短期間で身につけさせることが可能です。したがって、知識やスキルでふるいにかけてしまうと、むしろ適材適所を実現する機会を逸する可能性を大きくしてしまうことになりかねないのです。

こうして、ここでもやはりコンピテンシーが、適性判断の軸として有効性が認められることになります。従来は、経験年数や知識やスキルに加えて、「人を見る眼」に長けた管理職や熟練人事担当者の〝洞察とひらめき〟が加わって適材適所が実現されるというのが、よくありがちな配置・任用の光景でした。この、管理職や熟練人事担当者の〝洞察とひらめき〟を、極めて科学的に表現したものが、コンピテンシーによる選別であると言えるでしょう。

すなわち、そういった管理職や熟練人事担当者は、意識せずしてコンピテンシーの概念、つまり職務への適性を判断する方法を用いてきたと言うことができます。コンピテンシーをベースに各人の適性が測られ、それに基づいた組織内での人の再配置が行われるだけで、組織の競争力は飛躍的に高まる可能性があります。これは、野球選手、サッカー選手、水泳選手が、それぞれ適性に関係なく、いずれかのスポーツをやらされている場合と、適性を判断し、それぞれに向いているスポーツを行う場合とでは、成績が大きく異なるのと同様です。

適性判断にあたってコンピテンシーにフォーカスすることは、適性に関係のない他の要素の浸入を防ぐことにも効果があります。例えば、年齢や性別、米国などでは人種などもあるでしょう。判断の基準が曖昧で、総合的に判断するという方向へ流れてしまうと、これらの要素に左右されがちなのです。また、コンピテンシーを獲得するためには一般に少なくても二、三年以上必要とされますから、知識やスキルに関しては後回しにしてでも、ともかく、すでに必要なコンピテンシーを有している人を選抜し、知識やスキルに関しては配置・任用後に、短時間で身につけさせるということが望ましいわけです。

もっとも、コンピテンシーの観点からぴったり当てはまるというケースはごく少ないでしょう。しかし、コンピテンシーに基づいて選ぶことによって、より適性の高い人材を選び出すことができ、そのうえで、向上させるべきコンピテンシーを明確にすることができるのです。コンピテンシー判断のための方法としては、採用のケースと同様、インタビュー、テスト、ケーススタディなどがありますが、この他、三六〇度アセスメントが活用できる点が採用における選抜と異なる点です。

コンピテンシーの見地から評価がなされたならば、それらの評価結果が社員一人一人のコンピテンシー情報として、蓄積されていくことになります。そして、各ポジションのコンピテンシーモデルが明確にされ、社員一人一人のコンピテンシーがデータベース化されているならば、それらをマッチングさせることにより、適正な配置・任用を行うことが可能となります。これが、配置・任用の一つの理想型です。

従来、日本企業においては、昇進と昇格は分離して運用されていました。しかし、今後、ジョブグレードの普及が進むと、昇進、イコール昇格となります。英語で「プロモーション」と言う場合には、昇進と昇格の両方の意味を含んでおり、区別はありません。職務グレードのもとでは、昇進、イコール昇格だからです。昇進によって職務価値が上がれば、職務グレードも上がることになるのです。こうなった場合、「あるポジションに次に誰を就けるか」は、従業員の処遇上もこれまで以上に重要な判断となってくるのです。

(2) 候補者のコンピテンシーアセスメント

ある役職ポジションについて、「次に誰をそのポジションに就けるか、また、そのためにはどのような教育なり経験を積ませておくべきか」といったサクセッションプランを、より計画的に運用していくためには、早くから候補者を絞っておくことが重要です。その意味からすれば、毎年の人事評価の中でのコンピテンシー評価の他、将来的な昇進のためのコンピテンシーアセスメントを行っておくことが有効です。ただし、すべてのポジションに関して候補者のアセスメントを行うことには困難がありますので、少なくとも重要なポジション、例えば部課長クラスの候補者を対象として、あるいは、特に重要なプロジェクトリーダーなどの候補者を対象にして、コンピテンシーアセスメントを行うことは重要なことです。

毎年の評価の結果を蓄積していけば、各個人のコンピテンシーデータは蓄積され、個人別のコンピテンシーデータベースは出来上がりますが、それだけでは十分ではありません。現在の職務の中で発揮される能力のみならず、将来に上位の職務において発揮してもらいたい能力に関して評価が行われる必要があるからです。この際のポイントとしては次の二点があります。

①将来必要とされるであろうコンピテンシーについて総合的にアセスメントを行うこと、言わば、コンピテンシーの棚卸しを行うことです。

②現在の職務遂行だけに焦点を当てては見えにくい行動パターンを見出すために、直接の上司だけではなく、同僚、他部門マネジャー、場合によっては部下も含めて、多面的な評価を行うことです。

また、このようなコンピテンシーの棚卸しとしての、総合的なコンピテンシーアセスメントの結果、候補となる職務やプロモーションの可能性、および必要な能力開発課題が明らかにされることになります。そのため、アセスメント結果のフィードバック、および必要な機会やトレーニングを提供するなど、上位職に求められる要件について、候補者との認識の共有化を図るべきです。そのようなコミュニケーションを図ることによってはじめて、企業が求める人材像と、現実の人材像との間のギャップが埋められていくことになるのです。以上を手順として整理すると次のようになります。

①当該ポジションに求められる要件をコンピテンシーの側面から明示する。
②すべてのコンピテンシーに関して漏れ、ダブりなく行動指標化を行う。
③対象者に対して多面評価を実施する。

④対象者別に、昇進・異動候補先ポジション別の適性をデータとして明らかにする。
⑤ポジション別に、候補者データベースを整備する。
⑥対象者に対してフィードバックセッションを実施し、キャリアアップのための行動面での課題を明らかにする。

(3) 任用審査・決定の方法

任用にあたっては、コンピテンシーアセスメントの結果を踏まえて、最終的には、審査がなされて、実際の任用がなされることになります。これまでの業務経験や評価結果のデータに加えてコンピテンシーアセスメント結果がデータとして加わることにより、妥当性の高い任用が可能となります。しかしながら、任用にあたっては、その納得性を高めるために、以下に示すような審査の手続きが必要になります。

〈任用審査の方法〉

①公開審査（公開プレゼンテーション）

候補者を集めて公開プレゼンテーションを行うことで、結果に対する納得性を高められるというメリットがあります。

②評定委員会

過去の実績・コンピテンシーアセスメント結果や本人のアピール記述をもとに委員会で決定します。マネジメントメンバーによる権威ある決定がなされるというメリットがあります。

③外部機関への委託

任用審査を外部機関に委託することで、対外価値ベースの客観的な審査ができるというメリットがあります。

これらを組み合わせた方法として例えば管理職に任用する際に次のようなステップをとらせる例があります。

・日常業務上の問題解決や大プロジェクト遂行に関わる課題を課し、
・与えられた課題に関して数カ月間取り組ませ、
・取り組んだ結果に対して役員の前でプレゼンテーションを行わせ、
・その結果を評定委員会によって審査して合格者を決定する。
・一方では、通信教育による管理職向けトレーニングとテストを受けさせる。

ただ、この手続き自体の比重を重く置きすぎてしまうと、日常業務に影響が生じたり、トップマネジメント層への受けや効果を狙った業務遂行、プレゼンテーションが見られるようになってしまいます。あくまでも、日常業務をベースにアセスメントを行い、その結果を用いてまずは客観的な判断を行うことが望ましいと言えます。

■導入事例：大手金融機関D社

ここでは、配置・任用といっても、最近、ニーズが増加傾向にある、役員選抜のケースを事例として示したいと思います。

プロジェクトの背景

経営陣の経営責任を問われるような出来事があり、それを一つのきっかけに、コーポレート・ガバナンス上の要請から、役員の選抜・任用プロセスの透明性確保が強く求めらるようになりました。また、トップ自らが、現役員陣の「役員としての資質」に疑問を感じており、「不透明な選抜・任用プロセスを改め、経営幹部としての資質に基づいて適正に選ばれるべき」との強い意向を持っていました。そして、今後の役員選抜のみならず、現役員の育成も含めた取り組みが意図されました。

プロジェクトの狙い（コンピテンシーへの期待）

これまで曖昧であった、自社の経営幹部に求められる資質を明らかにし、言語化するということが最大の狙いでした。そしてまず、それらを全社に対しオープンにすることで、どのような観点から役員が選抜されるのかを示すことが意図されました。次に、役員候補者のアセスメントを行い、その結果に基づいて、資質により公正に選ばれたという形を示すことが重要であり、この点からも、外部の第三者専門機関を入れるということに意味があったわけです。つまり、社内上層部の意のままに人選がなされたのではなく、第三者の判断も含め、公正に選出されたということを内外に示すことが強く要請されていたのです。

プロジェクトの進め方

・会長、社長ほか、各分野を代表する六名の取締役へのインタビューをもとに、当企業の「トップマネジメント・コンピテンシー」を抽出しました。
・次に、「トップマネジメント・コンピテンシー」の案を指名・報酬委員会にはかり、意見を聴取したうえで、若干の修正を加え完成させました。
・アセスメントフォームを設計するとともに、役員選抜・任用までのプロセスを設計しました。
・現役員と役員候補者に対し、三六〇度アセスメントを実施し、その結果をもとに、さらに個別インタビューを実施しました。
・アセスメントは、今後、育成にも活用する目的で、自己アセスメントも行うようにしました。
・個別インタビューでは、過去の成功体験や失敗体験を聞き、各コンピテンシーの強弱の判断を行いました。
・アセスメントの結果をレポートにまとめ、指名・報酬委員会に提出し、また、被評価者各人には、各人ごとのレポートをフィードバックしました。

プロジェクトのポイント

これまで聖域とされていた、役員の選抜・任用や、役員の評価という点にメスが入れられたということそのものの意味は極めて大きかったと言えます。ここに手がついたことで、今後、全社での成果主義の取り組みも格段に進みやすくなるでしょう。

また、経営幹部に求められるトップマネジメント・コンピテンシーは、一般に、業種を問わず比較的汎用的なものとなりがちですが、ここにいかに同社の特徴を出し、かつ全体としてバランスのとれたものとするかが一つのポイントとなりました。中長期の経営環境、重点課題、自社の強み、組織上の特徴などを加味したうえで、当企業なりのトップマネジメント・コンピテンシーを構築し、そのうえで、数社のトップマネジメント・コンピテンシーをベンチマーク比較し、バランスを確認しました。

どのような人をアセッサーとするかが次なるポイントでした。最小単位としては、役員同士、または役員候補者同士の相互アセスメントとなりますが、これでは、選抜のプロセスに十分に透明性が出ません。一方、アセッサーの人数を増やすのであれば、部課長クラスや社外取締役なども含めた形での評価となりますが、こうした場合は、役員やその候補者たちの限られた側面しか、これらの人たちには見えていないため、妥当な評価とはなりにくくなります。こうしたことから、結局、部門長、部長の一部を含めた形で、それぞれの役員、役員候補者について、上司、同僚、部下からのアセスメントとなるように実施しました。

次に、個別インタビューでどんな点にフォーカスすべきかという点ですが、第三者が行うインタビューとしては、第三者専門機関の眼としての適性判断にフォーカスすべきという観点から、コンピテンシーの強弱を見るための成功体験、失敗体験のインタビューにフォーカスしました。

コンピテンシーモデル

ここでは、汎用的に使えるトップマネジメント・コンピテンシーとして、マーサー社が米国内での調査によってまとめた、「経営幹部に求められる九つのコンピテンシー」を紹介します。

これらがより具体的な行動例にブレークダウンされ、選抜のためのアセスメントに使われることになります。

①知識の幅を広げ活用する力

ビジネスに関する様々な知識の幅を広げ、組み合わせることにより、組織目標の達成や取締役会が直面する課題の解決に活用する。

②戦略的に思考する力

複雑性の中の矛盾を、鳥瞰することによって解明し、短期、長期の時間軸の中で、組織の発展、存続に及ぼす影響を特定することにより、課題の優先順位づけを行う。

③財務的に洞察する力

利益の源泉に関する理解や、財務指標に関する幅広い理解をもとに、組織の財務的健全性を維持する。

④政治的に働きかける力

組織において影響力を及ぼし、カギとなるステークホルダーを巻き込み、取締役会の意思決定と行動計画への信頼を勝ち取る。

⑤組織のビジョン、戦略を決める力

企業価値向上の観点で合理性を確保したうえで、わかりやすく説得力のあるビジョン、戦略を描き、迷わず自信を持って決断する。

⑥組織のビジョン、戦略を浸透させる力
わかりやすく説得力のあるビジョン、戦略を多様な手段を駆使して伝え、メッセージが確実に現場に浸透するよう働きかける。

⑦ステークホルダーの利害を調整する力
組織を長期的に発展、存続させるために、様々なステークホルダーが何を求めているかを理解したうえで、そのバランスを調整する。

⑧学習し変革することにコミットする力
組織や取締役会における重要な行動、イベントの結果を評価、認知することにより、オープンなコミュニケーションや相互学習を促す。

⑨誠実に行動する力
組織の方向性、ビジョン、戦略に基づいて、オープンに正直に、信頼できる態度で振る舞う。

プロジェクトの効果

役員の選抜・任用のプロセスに透明性を出すという目的はほぼ達せられたと思います。選抜の基準を明確にしたうえで、オープンにし、さらに指名・報酬委員会を設置して、任用までのプロセスを新たに設計し、これについてもオープンにしました。これらの取り組みについて対外的にも公表したことで、コーポレート・ガバナンスへの取り組みを印象づけるという点は達せられました。

役員候補者だけでなく、現役員全員について、設定したトップマネジメント・コンピテンシーに照らしてアセスメントを行ったことで、現役員陣の特徴点が明らかになりました。例えば、「全体的に優等生タイプのバランスのとれた人材が多い」ということや、「問題を深く洞察し、慎重に判断を下すことに秀でている人が多い」ということ、一方、「全社最適の観点から、自己の信念のもとに組織横断的な働きかけを行っていく」などの取り組みでは全体的に低い評価となった点などです。

また、「事業家的視点」や「グローバルな視野に立った経営」という点については、経営幹部育成上、今後の最優先課題であることが認識されました。このように、今後の役員候補者の育成、選抜の方向性が明確になったという点が、当企業にとって大きなプラスとなりました。

三六〇度アセスメントに加わった部門長、部長クラスの人たちには特に、この取り組みはたいへんに好評でした。主なコメントとしては、「自社の経営幹部に求められる資質がはじめて明らかにされた」「上もこうした基準で厳しく選別されているということがわかった」というものでした。

今後の課題

役員および候補者の育成面について、今回は、各自のアセスメント結果をレポートとしてフィードバックしたに留めたため、その受け止め方は様々であったようです。今後、アセスメントの意味を高め、育成面をより充実させていくうえでは、フィードバックセッションを行うとともに、コンピテンシー・ラーニングのプロセスを導入することが考えられます。

また、今回設定したトップマネジメント・コンピテンシーは、同社の経営幹部として求められる資質を表わしたものですので、今後、より下のマネジャー層まで展開し、経営幹部候補者の早期選抜・育成へ展開していくことが考えられます。これは、近年、多くの企業で取り組まれているサクセッション・プランの中核となるものです。

V　コンピテンシーの導入・活用にあたっての問題点とその対策

●どんなに便利な道具でも、間違った使い方をしては効果が得られないのと同様、コンピテンシーを導入したり、活用する場合にも、いくつかの注意すべき点があります。
●本章では、導入にあたっての問題点と、活用にあたっての問題点に分けて、そのポイントと対策を整理します。

1　導入にあたっての問題点

前章では、実際の導入例を通して、コンピテンシー活用上のポイントを見てきました。当然ながら、コンピテンシーを導入し、活用していくうえでは、多くの問題点があり、それらをクリアしていかなければ成功を収めることはできません。本章では、導入と活用に際して特に多く見られる問題点と、その対策について整理したいと思います。

(1)　コンピテンシー導入の目的が明確でない

どういう目的のもとにコンピテンシーの導入を行うのか、狙いが鮮明でない場合には、コンピテンシーモデルの焦点がぼやけてしまうことになります。すでに述べた通り、用途によって、コンピテンシーモデルの単位や行動指標の記述のレベルは異なります。育成に使う場合は、公平性という観点は必要なく、フィット感、臨場感が重要なため、単位は小さくとり、行動の記述レベルは具体的なものになります。配置のための選別で使う場合にもこれに準じた形になります。

一方、評価で使う場合には、公平性、およびオペレーションコストの観点から、通常、単位はあまり小さくせず、適用の範囲を考えて、記述レベルもある程度の汎用性を持たせたものになります。また、採用で使う場合には、細かな行動記述は必要なく、コンピテンシー分析では、必要なコンピテンシーの見極めが中心となり、どういう場面で発揮されるべきかという、コンピテンシーの中身が具体的にわかればよいわけです。コンピテンシーのインタビュー調査自体、構築後の用途を念頭に置いて行うため、用途によって、質問のウェートが大きく異なってきます。

導入の目的は、人事部主導で実施されるような場合に、鮮明でなくなる傾向にあります。例えば、評価制度を見直すこと自体が目的のように捉えられているような場合です。評価制度の見直しは手段ですから、それを行う目的があるはずです。先の例にあったような、プロフェッショナル人材を数多く育成するため、なども一つの目的になりえます。

通常は目的がないままに行動を起こすということは考えられないわけですが、「時代の流れだから、同業他社が皆やっているから、何か良さそうだから」ということで導入が先に決まるような場合には気をつけなければなりません。やることが決定した後であっても、目的を明確にする努力が必要です。その場合、コンピテンシーを導入した結果として、どういう状態を実現したいのかに目を向けるようにすることが肝要です。

一方で、トップや現場が主導のケースでは、目的がはっきりしているケースが多いと言えます。これは、マネジメント上、またはビジネス上のニーズから発生しているからです。

(2) 仕事内容が明確になっていない

日本企業の場合、それぞれのポジションの仕事内容が明確になっていないことが多くあります。コンピテンシーモデルを構築する手順としては、初めにそのポジションの成果責任を定義し、その成果責任をコンスタントに高いレベルで上げている人をハイパフォーマーとして選定し、コンピテンシーの分析に入るわけですが、この最初の段階でつまずいてしまうことが多くあります。成果責任の定義が正確にできていない場合、それに基づいて選定されたハイパフォーマーを分析して作ったモデルは的外れなものとなってしまい、結果として、本来期待される成果を上げるうえで役に立たないモデルとなってしまうのです。

例えば、企業の戦略が売上高やシェアから、利益率に変わった場合にも、成果責任を売上やシェアとして捉えてしまっている場合には、出来上がってくるコンピテンシーモデルは、利益率を無視してでも、売上を上げるような行動を促すものとなってしまうのです。

成果責任を定義するにあたっては、通常、質問書の記入に続いてインタビューを行い、内容の確認をします。この際、そのポジションに現在就いている現職者の方にお願いする場合もありますが、むしろ一つ上の立場の方にお願いする方がよいようです。課長ポジションについての成果責任を定義するうえでは、その上の部長に協力頂いて作成するということです。「本来上げるべき成果」ですから、現状そのものとは異なるケースも多くあります。本来期待されている成果はこうだけれど、現状では諸々の事情により、そうなってはいないというケースです。理想と現実のギャップと言ってもよいでしょう。成果責任は、〝本来〟というところを捉えるため、現職者本人よりも、その上の立場の人の方が、客観的な判断が可能となり、確認するうえで適任である場合が多いのです。

ここで、簡単に「成果責任」について触れてみたいと思います。成果責任とは、行ったことの結果を問うものであって、行動責任とは異なります。「会社がそのポジションに期待している成果」という言い方もできます。プロセスではなく、その結果を捉えることにより、その仕事を明確にできるのです。例えば、活動上はほとんど違いが見られない、セールスパーソンとセールスのプレイングマネジャーとで、期待される成果は同じかといえば、これは明らかに異なります。マネジャーは、チーム目標の達成責任を負っているでしょうし、また、部下の育成にも責任を負っているでしょう。こうした場合、すぐに目につく活動内容だけを見て、仕事を定義し、それに基づいてハイパフォーマーを選んでしまった場合、本当に期待された成果の上がる者ではなくなる可能性があります。そういう意味で、結果を捉える概念である「成果責任」は、仕事を正確に捉えるうえで重要な概念となります。

こういった概念がまだ浸透しておらず、従来の「人に仕事がついてくる」という形での、よく言えば柔軟な組織体制のもとでは、仕事内容の明確化、成果責任の定義は難しく、コンピテンシーの導入にあたってはここをまずクリアしなければなりません。

(3) 人事部主体で進めてしまう

コンピテンシープロジェクトの推進にあたって、多く起こる問題点として、人事部が主体で実施してしまうという点があります。人事マターなのだから当然じゃないか、と思われるかもしれません。

しかし、コンピテンシーの導入は人事マターであると同時に、経営マターでもあり、それ以上に、本来は現場マターの色彩の強いものです。人事部が活動の中心となって推進するのはよいのですが、旗振り役を担うのと、主体となって作り上げるのとは異なり、最初から最後まで人事部が主体となって実施してしまう場合には、出来上がったものが現場感覚に合わないものとなってしまうばかりか、導入にあたっても困難を伴うことになってしまいます。

人事部が中心となって推進する場合にも、トップと現場とを適切に巻き込む必要があります。

まず、トップのコミットメントを得ることは不可欠です。特に、人事改革に伴うコンピテンシーの導入などの場合には、トップのコミットメントが従業員に示されなければ、従業員はその取り組みに対して本気にはならないでしょう。その場合、コンピテンシーモデルの構築にも、導入にも、導入後の運用に際しても困難が伴うことになります。プロジェクトの冒頭とコンピテンシーの導入時はもとより、各フェーズの主要なタイミングにおいても、トップ自らが従業員に対してメッセージを伝えることが必要です。

次に、現場を巻き込むということについて、何よりも重要なことは、取り組みを始める前段階での、〝なぜ〟これを行うのか、という点の十分なコミュニケーションです。これがなければ、本当の意味での現場のコミットメントは得られず、言われたから手伝う、という域を越えず、主体性は引き出せません。また、何か問題があるごとに大きな抵抗にあう、という状況を引き起こしかねません。逆に、この点の理解さえ得られていれば、多少の無理でも、自分ごととして前向きに取り組んでもらうことができるのです。

これは、すべての改革、すべての新しい取り組みに共通して言えることです。コミュニケーションにおいては特に、双方向性を心がけるべきです。実際には、新しい取り組みについて質問を受けつけるなどしても、それほど多くの問い合わせは来ないかもしれません。しかし、いくつか来た質問について回答する形で、全員宛に通達するということを繰り返せば、発信側と受け手側との心理的な距離を縮めるのに効果があります。

時々あります。

(4) ハイパフォーマーから具体的な話が聞けない

コンピテンシーのインタビュー調査の際に、ハイパフォーマーから具体的な話が聞けないために、コンピテンシーが絞り込みきれない、具体的な行動記述ができないというような状況が時々あります。

この点については、本当に個人差が大きいと言えます。ハイパフォーマーであれば皆、理路整然と具体的なレベルで、自分の仕事について語ることができるかと言えば、必ずしもそうではありません。

これは傾向として言えば、営業系の人たちよりも、研究開発職など、技術系の人たちの方が、具体的なレベルで話ができる傾向にあるようです。これはおそらく、物事を具体的なレベルで考える機会が、仕事の中で多いからではないでしょうか。日頃から、「なぜ、なぜ、なぜ」と繰り返し、突き詰めて考える習慣のある人の場合、話も具体的なものになりやすいからです。

一方、成果は上がっているものの、それぞれの行動をさほど意識してとっているわけではなく、本人にとっては、ごく当たり前のことであって、特別な何かをしているという意識などまったくないような場合には、いざ聞かれてみると、はて、ということが多いのです。そういう意味では、苦労して高業績が上がるようになった人の方が、具体的に自分の行動を認識していると言えるでしょう。

具体的な話が聞きづらいような場合には、インタビューの中で、一つの質問項目についても、聞きたいレベルの話が聞けるまで、粘り強く質問を繰り返していく必要があります。聞いた言葉の中の曖昧な言葉について、それぞれ質問を繰り返していきます。

例えば、「この仕事のどんな点が難しいですか？」という質問に、「いろんな人とうまくやっていかなければならないので大変です」という答えを得たとします。この場合、まずは「いろんな人」について、社内外の関係者を聞いていきます。次に、「うまくやっていく」という点について、それぞれの関係者ごとに、それが利害の調整なのか、交渉なのか、協調なのか、具体的な例を通して聞き取っていくのです。

ポイントは「場面」を明確にするということです。どういう場面で求められる行動なのかを聞くことで、場面が頭に浮かぶと、行動の中身自体も具体化するのです。

2　活用にあたっての問題点

(1)　従来通りの運用をしてしまう

新たな考えのもとに新たなコンセプトを導入し、基準を作成したにもかかわらず、従来と何ら変わらぬ運用をしてしまうということがあります。これは、コンピテンシー導入の意図が明確に伝わっていないような場合や、コンピテンシーがきちんと理解されていない場合に多く起こりがちです。

導入の意図が明確に伝わっていない場合は、評価などに対するマネジャーの考え方なり、マインドセットが変わっていないため、ツールは変わっても、同じような考え方のもとに同じように処理してしまうのです。例えば、これまで、評価はお決まりの査定という認識で、当り障りのない点数を記入して人事に提出するものという認識でいるマネジャーが、新しい仕組みの導入の意図を理解していなければ、基準が違っていても、それらとは関係なく、同じような行動を繰り返してしまいます。

さらに、意図がきちんと伝わっていない場合には、勝手な推測がなされ、新しい取り組みについては往々にして悪い推測がなされ、悪い噂が組織内に広まってしまうということになりかねません。したがって、すでに述べた通り、プロジェクト開始前、そしてプロジェクト開始後もその進捗状況を継続的に伝えていくことが重要です。また、マネジャーのマインドセットを変えるということでは、何よりも、トップ自身が改革に深くかかわることです。あるいは、社外に対しても打ち出すなど、その取り組みを強調することも考えられます。そうすることによって、新しい方向への従業員の覚悟が決まります。

次に、コンピテンシーについて十分な理解を促すためには、コンピテンシーの定義をいくら繰り返し伝えても、あまり効果はありません。

例えば、お寿司という食べ物を見たことも食べたこともない人に、お寿司というのは、ご飯に酢を混ぜたものと、生の魚を一緒に握って作った食べ物です、と説明したところで、それがどんなもので、どんな味がするのかはまったくわからないのと同じです。それを作る過程を見せて、出来上がりを見せて、食べてもらわなければ理解は難しいのです。コンピテンシーの導入についても、できるだけ多くの従業員に構築作業に参加してもらうことがまず大切です。参加者以外の人たちにも、同時に疑似体験ができるくらいのレベルで情報を与えていくことが望まれます。そして、出来上がったコンピテンシー基準を示して説明し、実際に使っていく中ではじめて十分な理解が可能となるのです。

(2)　コンピテンシーを万能と思い込み、知識やスキルの教育がおろそかになる

上記の問題とは反対に、コンピテンシーについてやや極端に、それがあたかも万能薬であるかのような説明をしてしまった場合、反対の問題が生じることになります。

すでに述べた通り、コンピテンシーは、知識やスキルを否定するものではありません。それらが備わっていることを前提として、それらを活用して成果を上げるためのプロセスを示したものです。したがって、コンピテンシーだけですべて万全と思い込み、知識やスキルを軽視し

た育成を行った場合、今度はそれらの欠如によって高業績が上がらないという状況も起こりえます。

マネジャー層においては、マネジャーになる時点ですでに知識やスキルは備わっているということを前提として、それ以降、育成や評価をコンピテンシーに絞ることも妥当性を持ちます。しかし、一般層においては双方バランスのとれた育成が必要であり、特に、入社から三〜五年以内くらいのジュニアスタッフ層においては、多くの場合、コンピテンシーよりも知識やスキルの習得に重きを置く必要があります。

同様に、採用においても、コンピテンシーによる選考では、職務適性しか見ることはできず、学力や性格、情緒の安定性などを見るうえでは、他の採用選考方法との組み合わせによる選考が不可欠です。

したがって、コンピテンシーの説明をする際には、「人材マネジメントに非常に効果がある」というような曖昧な説明は避け、そのどこに効くのか、特徴を明確に伝える必要があります。薬でも、この薬は熱を下げるのには効くが、腹痛を抑えることはできない、ということがあるように、コンピテンシーも、コンピテンシーにできることと、できないこと、というのが明確にあり、正確に伝える必要があります。

(3) 行動を変革することへの抵抗から、形骸化してしまう

コンピテンシーモデルによるアプローチは、行動の変革を促すアプローチですから、捉え方によっては、多くの人にとって抵抗を感じさせるものになります。ある仕事に就いて長いベテラン社員などの場合、「自分には自分のやり方がある」という自負があるでしょう。ですから、「ゼロからこれに合わせて変えてください」というような押しつけの印象を与えてしまえば、あからさまな抵抗にあうか、またはそうならない場合にも、行動に迷いが生じ、かえって業績が上がりづらくなってしまうということにもなりかねません。したがって、コンピテンシーモデルはあくまでも、より高い成果を上げるうえでの支援ツールであり、自主性に任されるものとの位置づけにする必要があります。

ハイパフォーマーたちの知恵の結集なので、これをうまく活用することで、より効果的な活動が可能になるという点を強調する必要があります。したがって、評価で使う場合などは、業績評価の補完的な評価という点を忘れず、また、あまり細かな行動の一つ一つについて評価するような仕組みは極力避けるべきでしょう。

また、採用者や評価者の立場から言えば、これまで自己の裁量で行ってきたことについて、「型にはめられる」、極端な場合には、「権限を剝奪される」という意識を持つかもしれません。これらについては、もともと、個人の自由で恣意的に決めてはならないものであって、そうい

う意味からも正常な状態に戻すものとの位置づけをまずははっきりさせる必要があります。

そのうえで、コンピテンシーを用いることにより、より的確な判断が可能になり、採用や評価という役割をこれまで以上に妥当にまっとうできるようになるという点が強調されるべきです。

(4) 活用する側のスキルがついていかない

「コンピテンシーは有効なツールだが、ツールだけ新しくなっても、マネジャーたちが新しく入れ替わるわけではないから、それを十分に使いこなすことは困難だ」ということも多く聞かれることです。確かに、コンピテンシーはツールであって、それを使って実際に判断するのは、マネジャーたちです。最新型のスポーツカーを与えたところで、乗る方がペーパードライバーではまともに運転することはできないのと同じです。無理して運転をすれば事故を起こしてしまうかもしれません。

このようなソフト面の問題は、ハードを変えた場合には必ずついて回る問題です。ツールとそれを使う側では、ツールを変えるよりも、使う側を変える方がずっと難しいのです。

新しい車に乗る前に、まずはその車を十分に理解し、実際に公道を走る前に練習をする必要があるでしょう。同様に、コンピテンシーツールも、まずはそれを理解し、トレーニングの場でケースなどを通して練習をする必要があります。しかし、使う直前に練習をしただけでは、なかなか十分には使いこなせません。表面的な理解に留まってしまうからです。結局、ワンポイントのトレーニングだけではなく、日頃からそれに慣れ親しむことが重要であり、会社としてはそういう環境を作る必要があります。

日頃から、コンピテンシーの基準を頭に入れて、メンバーの行動を観察し、指導をしていれば、それらの基準は完全にマネジャー自身のものとなります。この、「その人自身のものになる」ということが、「使いこなす」という状態です。そして、実際の評価や選別で判断が求められる際には、自分自身の考えそのもので判断するのと何ら変わらぬ状態で実施することができるのです。

エピローグ――二一世紀の人事システムとコンピテンシー

さて、今後、二一世紀の人事システムはどうなっていくでしょうか。ここでは、いくつかのキーワードを挙げてみたいと思います。

■グローバル人事

資本も技術も労働力も、国境のない世界に入っていけば、当然ながら、人事システムも国境のないグローバルなものに修正されていかざるを得ません。現在、様々な試行錯誤がなされていますが、今後、グローバルスタンダードの創造へ向けて収斂されていくでしょう。そして、その一つの基軸としてコンピテンシーは位置づけられるでしょう。

いまだ完成されたとは言えないまでも、現在の成果主義人事の方向はそれを模索するものです。成果主義人事がグローバルスタンダードである、という主張に対しては、日本では、異論や心理的抵抗感を持つ人が多いかもしれません。その一つの理由に、米国型という誤解があります。「米国のものが優れていて、米国型に合わせるのが良いのか」という誤解です。「米国型」といっても、すでに「日本型」の良い点は吸収済みと考えてよいでしょう。

第1章の人事システムの変遷の中でも述べたように、米国企業は競争力が減退した一九八〇年代に、日本的経営の優れた点はすべて学び取っています。コンピテンシーも、その学びの中から普及が進んだと言っても間違いではないでしょう。つまり、現在の成果主義人事は、日米双方が歩み寄り、ともにつくり上げてきたものと捉えることができます。加えて、経営環境が近くなったということもあります。双方が、それぞれ異なった環境であった時代には、それぞれの環境に合った人事体系というものがありました。しかし、現在は、グローバル化、人材の流動化、高齢化、成熟経済と、共通の環境になってきています。同じ環境のもとで考えれば、そこにおける望ましいあり方が同じものになるのは当然のことと言えるでしょう。

また、グローバル人事ということでは、多国籍企業において、共通の価値観の醸成による世界的統一性の確保や、有能人材の世界的規模での選抜、育成による人的資源の有効活用が、中長期での競争力強化のために不可欠となります。コンピテンシーは共通の価値観を整理するうえでの有効な視点を提供するものであり、また、有能人材の選抜、育成にあたっては、適性という観点からその中心的な役割を担うものとなります。

■シンプル化

人事システムは、よりシンプルな方向へ進むでしょう。制度改革の過渡期には、いくつかのものをブレンドした、ハイブリッド型システムなどが採用されることもあるでしょう。しかし、ハイブリッド型はどうしても複雑になるため、長くは生き残らないであろうと考えられます。

諸々の環境から、成果主義の方向は必然であり、その場合、人材のマネジメントは人事部ではなく、ラインが主体的に行うということになっていきます。ラインのマネジャーが、一人一人の業績を管理、評価し、育成を図っていかざるを得ません。したがって、人事システムは、ラインの人たちが十分に使いこなせるようなものでなくてはならず、人事のプロでなくとも、容易に理解して使えるようなシンプルなものでないと機能しなくなります。どんなによくできた精緻なシステムを作ったとしても、それが複雑である限りは、必ず形骸化してしまうでしょう。ラインの人たちにとって理解しやすく、使い勝手がよいものであって初めて、コンピテンシーは有効なツールとなります。

■ショーウィンドウ化（情報の透明性の確保）

ラインが主体的に人材のマネジメントを行っていく場合、シンプル化とともに不可欠になるのが、ショーウィンドウ化です。必要な情報が与えられなければ、ラインにおいて、適切な人材マネジメントを行っていくことはできません。

評価・報酬システムのオープン化、評価結果のフィードバックは、すでに多くの企業で行われていますが、それだけでは十分ではありません。まず、マネジャーは、各メンバーの給料はもとより、過去の履歴や評価結果、アセスメントの結果などを知っていなければ効果的なマネジメントはできません。一方、メンバーの方も、今後、自らが主体的にキャリア設計を行っていくうえでは、自社内のあらゆるポジションについての情報や、能力開発の機会に関する情報がオープンになっていることが不可欠です。各ポジションに求められる知識やスキル、コンピテンシーに関する情報が、パソコン上で閲覧できることが望まれます。

さらに今後、年金プランや福利厚生プランが多様化していく中で、ショーウィンドウ化に対する必要性はより一層増していくことになるでしょう。

■人材タイプ別人事

外部労働市場を視野に入れた場合、人事システムは、人材タイプ別の方向に進むことになるでしょう。従来の全職種共通の人事システムは、内部労働市場のみを前提としたものです。社内での人材流動だけを考えた場合には、人事システムが共通な方が公平性を保つことができ、職種間での異動もスムーズに行えました。しかし、転職が増加し、労働市場での人材の流動性が激しくなると、有能人材の獲得と流出防止が人事上の中心的な課題となり、それに対応した人事システムが求められるようになります。各分野の有能人材を確保し、モチベーションを高めるためには、それぞれの仕事に合った評価・報酬の仕組みを保有する必要があります。

仕事のくくり方として、個人の就業意識に着目し、人材タイプ別に分類することができます。それぞれの人材タイプごとに就業意識は異なり、それぞれを満たすような評価・報酬の仕組みが存在します。例えば、ラインマネジャーなどのゼネラリスト人材に対しては、組織業績と連動した長期インセンティブ型報酬のほか、非金銭的なものとしては、責任・権限の拡大や、経営マターへの参画、速い配置転換などが有効です。一方、高度に専門的な職務を担うプロフェッショナル人材に対しては、個人業績と連動した短期インセンティブ型報酬のほか、自由裁量度の拡大や、労働環境の整備、最先端の仕事などが有効となります。

コンピテンシーは、社内における人材のタイプ分けの視点として、また、ゼネラリスト人材やプロフェッショナル人材など、組織の競争力を左右する人材の評価、育成のために、有効なツールを提供するものです。

■「適性」中心の人材マネジメント

企業における人材活用に関する考え方が根本的に変わってきています。大量に採用し、ローテーションをさせながら、時間をかけて育成していくということから、少数を採用し、適した仕事に就け、早期に育成を図っていくということへシフトしています。高度成長経済型の人材活用から、低成長経済型の人材活用への転換と言うことができるでしょう。低成長経済下では、限られたリソースを最大限に有効活用しなければ、競争に生き残っていけないため、「適性」ということに、これまで以上に主眼が置かれることになります。

これまでは、「人」と「仕事」のうち、「人」が先に考えられていたため、「仕事」が先にあってその仕事に向いた人、適性のある人を見極めて就ける、という考えは乏しかったと言えます。これは、様々な仕事に就けて、ゼネラリスト人材を長期間かけて育成していくという目的には適っていましたが、組織全体の競争力という観点からは、非常にロスの大きな方法であったと言えます。

現在そして今後の環境のもとでは、コンピテンシーの活用による、「適性」の測定と開発、および「適性」に基づく選抜と配置は、人材マネジメントにおける中心軸となるでしょう。

■業績の評価

今後の人材マネジメントを考えていくうえで、最後の難関であり、かつ最大の難関として残るものは、「業績の評価」ではないでしょうか。組織業績の評価、および個人業績の評価が妥当性高くできさえすれば、あとはいかなる報酬、インセンティブ策も納得性高く実行することができます。一方、業績の評価が妥当性高く行えない場合には、いかなる報酬も妥当性を欠いてしまうことになり、適正な人材マネジメントは困難になります。したがって、今後、人材マネジメント上の中心テーマはこの点に収斂されていくでしょう。

確かに、業績の評価は多くの問題をはらんでいます。業績指標の妥当性、目標レベルの妥当性、達成度評価の妥当性、評価者のスキル・メンタリティー等々、これらに対し、これまでも様々な手法が模索されてきました。業績指標の設定にあたっては、妥当性確保のためにEVA等の指標が開発され、また、バランスド・スコアカードなどが導入されています。評価方法については目標管理（MBO）の精緻化が進められてきました。ただし、当然ながら完璧な仕組みというものはなく、必ず限界があります。そこを人が補うことなしには、妥当性の高い業績評価は達成されません。残念ながら、現状では、人の面が最も遅れています。

会社との契約という意味で、一人一人が自分の業績に対してコミットし、マネジャーは一人一人ときちんと向かい合って業績の向上を支援し、評価する、これらのことが普通に行われるようにならなければ、現在多くの企業が目指している成果主義の方向での人材マネジメントは本格的には機能しないでしょう。

■ライン（現場）主導型の人材マネジメント

すでに述べた通り、人事制度が成果主義の方向へ進む場合、人材マネジメントは、各ラインが主体的に行っていくことになります。「各ラインにおいて、マネジャーは人事システムをマネジメントツールとして使い、主体的に人材をマネジメントする。各メンバーは、自己のキャリア設計について、自らの責任において考え、実行する。人事部は、それらのサポートを行う」という、ライン主導型の人材マネジメント体制作りが求められます。その実現のためには、すでに述べた点も含め、次のような条件が満たされる必要があります。

・人事システムがシンプルで、使い勝手の良いものであり、かつ透明性が確保されていること。
・マネジャーがマネジャーとしての役割を正しく認識し、組織の成果や部下の育成に対して、強い関心を持ち、十分にコミットすること。
・メンバーの評価や育成、採用に関する権限が、マネジャーに十分に委譲されていること。
・メンバーが自己のキャリア形成を考えるうえで必要な情報が開示されており、また、成長するための機会が用意されていること。

これらの中で、仕組みや手立てなど、ハード面の整備も重要ですが、これらは着手さえすれば必ず完了するものです。一方、マネジャーのレベルアップは、多くの時間を要し、最も変革が難しい点と言えます。評価権を与えられるということ自体、マネジャーは企業と方向性を合わせるよう、十分に教育されていなければならないということです。

成果主義のもとでは、評価をはじめとする人材マネジメントがマネジャーに委ねられる分、当然ながらマネジャーに対する風当たりも強くなりますが、マネジャーは、経営を代表して経営の意思をメンバーに伝えなければなりません。さらに、公募制等により、市場原理に基づいた人材配置が行われるようになると、マネジャーが恣意的な評価、任用を行えば、メンバーはそのマネジャーのもとを去り、チームが維持できなくなれば、マネジャーは失格となるのです。このように、ライン主導型の人材マネジメントを行っていくうえでは、これまで以上にマネジャーのマネジメント能力が必要になり、また、マネジメントに費やす労力もより一層必要になります。

ライン主導型の人材マネジメントは、マネジャーが主体的に行うというものですが、これは勝手に行うということではありません。組織は目的を持った集団ですから、方向性を合わせる必要があります。また、組織は、専門人材だけで成り立つものではなく、必ず、それらをまとめるゼネラリスト人材が必要です。ライン主導でのマネジメント体制を確立し、組織力をさらに向上させるうえで、ラインマネジャーのプロフェッショナルリーダーとしてのレベルアップが待たれます。

42 OJTの実際 寺澤弘忠
43 管理者のためのOJTの知識 寺澤弘忠
44 営業の知識 江尻弘
45 販売予測の知識 小林健吾
46 セールス・マネジメント入門 廣田達衛
47 コンサルティング・セールスの実際 山口弘明
48 新入社員のための営業マン入門 山口裕
49 セールス・トーク入門 笠巻勝利
50 リスク・マネジメント入門 高梨智弘
51 リサイクルの知識 萩原・指田
52 企業広報の手引 堀章男
53 ISO9000の知識 中條武志
54 新卒採用の進め方 栩木・佐々木
55 企業診断の実際 宮崎・柳田
56 キャッシュフロー経営入門 中沢・池田
57 NPO入門 山内直人
58 M&A入門 北地・北爪
59 派遣社員活用の実際 三浦和夫
60 企業テレワーク入門 小豆川・スピンクス
61 サプライチェーン経営入門 藤野直明
62 セクシュアル・ハラスメント対策 山田・舟山
63 クレーム対応の実際 中森・竹内
64 アウトソーシングの知識 妹尾雅夫
65 グループ経営の実際 寺澤直樹
66 人事アセスメント入門 二村英幸
67 会社分割の進め方 中村直人
68 人事・労務用語辞典 花見忠・日本労働研究機構
69 ネットビジネスのセキュリティ入門 三輪信雄
70 製品開発の知識 延岡健太郎
71 コンピテンシー活用の実際 相原孝夫
72 営業マネジャーの実際 山口裕
73 ISO14000入門 吉澤正
74 コンプライアンスの知識 高巖
75 持株会社経営の実際 武藤泰明
76 人材マネジメント入門 守島基博
77 チームマネジメント 古川久敬
78 日本の経営 森一夫
79 IR戦略の実際 日本IR協議会

〈C〉 会計・税務

1 財務諸表の見方 日本経済新聞社
2 初級簿記の知識 山浦久司
4 会計学入門 桜井久勝
5 会計用語辞典 日本経済新聞社
7 連結財務諸表の知識 野村健太郎
9 ビジネスマンのための会社数字の見方 大野木猛
10 商法による決算書の読み方 浜田康
11 取締役・監査役のための財務諸表の知識 藤野・天野
12 経営分析の知識 岩本繁
13 Q&A経営分析の実際 川口勉
15 会社経理の実際 服部・青山
16 新入社員のための経理マン入門 中村輝夫
19 会計監査の知識 川口勉
21 資金繰りの手ほどき 細野康弘
22 予算管理の知識 小林健吾
23 原価計算の知識 加登・山本
24 損益分岐点の実務 和久井清
25 減価償却の実際 横山和夫
30 英文簿記の手ほどき 小島義輝
31 英文会計の実務 小島義輝
32 税の常識 尾崎護
33 法人税の手ほどき 熊谷安弘
34 法人税対策の手ほどき 渡辺政宏
35 相続・贈与税の知識 佐々木秀一
36 売掛金管理の手引 島田勝弘
37 入門・英文会計(上) 小島義輝
38 入門・英文会計(下) 小島義輝
39 連結決算書の読み方 吉村・岩渕
40 キャッシュフロー計算書の見方・作り方 岩崎彰
41 管理会計入門 加登豊
42 税効果会計入門 岩崎彰
43 国際会計基準の知識 西川郁生
44 時価会計入門 岩崎・大村
45 外形標準課税の知識 熊谷安弘
46 コストマネジメント入門 伊藤嘉博

相原　孝夫（あいはら・たかお）

マーサー・ヒューマン・リソース・コンサルティング株式会社
代表取締役副社長
慶應義塾大学商学部卒業。日系コンサルティング会社を経て、1994年マーサー社入社。2000年９月より現職。コンピテンシーに基づく人材の評価、選抜、育成に関わるプロジェクトのほか、人事・組織改革、日系企業海外現地法人の現地化推進等のコンサルティングに従事。著書に、『図解戦略人材マネジメント』（共著、東洋経済新報社）ほか、講演等多数。日本人材マネジメント協会（ＪＳＨＲＭ）幹事。

日経文庫865

コンピテンシー活用の実際

2002年10月７日　１版１刷
2004年６月16日　　２刷

著　者　相原　孝夫
発行者　斎田　久夫
発行所　日本経済新聞社
http://www.nikkei.co.jp/
東京都千代田区大手町1-9-5　郵便番号100-8066
電話（03）3270-0251　振替 00130-7-555

印刷　奥村印刷・製本　大進堂

ISBN 4-532-10865-9

読後のご感想をホームページにお寄せください。
http://www.nikkei-bookdirect.com/kansou.html